MOLIÈRE

DER MENSCHENFEIND

Komödie

Nachgedichtet von

RAINER KIRSCH

EULENSPIEGEL VERLAG

*Mit einem Frontispiz und Vignetten
von Klaus Ensikat*

PERSONEN

ALCESTE
PHILINTE, *sein Freund*
ORONTE
CÉLIMÈNE
ÉLIANTE, *ihre Cousine*
ARSINOÉ
ACASTE, *Marquis*
CLITANDRE, *Marquis*
BASQUE, *Diener bei Célimène*
EIN OFFIZIER *vom Königlichen Gerichtshof*
DUBOIS, *Diener bei Alceste*

Das Stück spielt in Paris, im Haus Célimènes

ACTE PREMIER

SCÈNE PREMIÈRE
Alceste, Philinte

PHILINTE Qu'est-ce donc? Qu'avez-vous?

ALCESTE   Laissez-moi, je vous prie.

PHILINTE Mais encor dites-moi quelle bizarrerie…

ALCESTE Laissez-moi là, vous dis-je, et courez vous cacher.

PHILINTE Mais on entend les gens, au moins, sans se fâcher.

ALCESTE Moi, je veux me fâcher, et ne veux point entendre.   5

PHILINTE Dans vos brusques chagrins je ne puis vous comprendre,
 Et quoique amis enfin, je suis tout des premiers…

ALCESTE *ce levant brusquement*
 Moi, votre ami? Rayez cela de vos papiers.
 J'ais fait jusques ici profession de l'être;
 Mais après ce qu'en vous je viens de voir paraître,   10
 Je vous déclare net que je ne le suis plus,
 Et ne veux nulle place en des cœrs corrompus.

PHILINTE Je suis donc bien coupable, Alceste, à votre compte?

ALCESTE Allez, vous devriez mourir de pure honte;
 Une telle action ne saurait s'excuser,   15
 Et tout homme d'honneur s'en doit scandaliser.
 Je vous vois accabler un homme de caresses,

ERSTER AKT

ERSTE SZENE
Alceste, Philinte

Alceste im Sessel. Herein Philinte.

PHILINTE Was ist? Was hast du?

ALCESTE Laß mich bitte in Frieden.

PHILINTE Nein, sag doch: welcher Laus war es beschieden –

ALCESTE Ich sage: laß mich, und das meint, du störst!

PHILINTE Na. Hör erst zu, bevor du dich empörst.

ALCESTE Empört sein will ich, und ich will nichts hören. 5

PHILINTE Was aber konnte dich derart verstören?
Mir, deinem Freund, stünd eine Auskunft zu.

ALCESTE *springt auf*
Wie, ich dein Freund? Und du der meine, du?
Wohl stimmt, daß ich seit Jahren Freund dich nenne,
Doch seit ich, wie du neuestens redest, kenne, 10
Sag ich dir klar: ich war's, und bin's nicht mehr;
Ist ein Herz falsch, bleibt mein Platz darin leer.

PHILINTE So bin ich schuldig, lautet so die Nachricht?

ALCESTE Daß dir das Auge nicht vor Scham und Schmach bricht!
Für dein Betragen gibt es kein Verzeihn, 15
Wer ehrlich fühlt, kann nur entrüstet sein.
Ich sehe, wie mit Schöntun und Scharwenzeln

	Du einem Mann dich näherst, seh dich tänzeln,
	Du schwörst, umarmst ihn, haspelst Süßholztext,
	Lobst seine Witze, gurrst und speichelleckst, 20
	Und fragt dich später eine von den Damen
	Wer war der Herr?, weißt du knapp noch den Namen:
	Kaum ging er weg, verflog auch dein Gefühl,
	Und du sprichst von ihm gleichgültig und kühl.
	Wie feig das ist, wie elend, ungediegen, 25
	Beim Styx! sich so die Seele zu verbiegen;
	Passierte mir derlei, mein Wort darauf,
	Ich nähme einen Strick und hinge mich auf.

PHILINTE Da muß ich Sünder mich in Demut fassen
          Und bitte, mir die Strafe zu erlassen –   30
          Sehr heikel ist, gesteh ich, mein Genick:
          Es schätzt die Seide, aber nicht den Strick.

ALCESTE   Dein Scherz ist öd und paßt zu deinem Treiben.

PHILINTE Alsdann im Ernst: wie wollen wir verbleiben?

ALCESTE   Bei dem Prinzip, daß ein gestandener Mann   35
          Kein Wort sagt, das er nicht vertreten kann!

PHILINTE Wenn jemand kommt, umarmt dich, schenkt dir Worte,
          Bedient man ihn mit Münzen gleicher Sorte:
          Ich zahl ihm, Wort für Wort und Stück um Stück,
          Was er mir höflich bot, sorgsam zurück.   40

ALCESTE   So plärrt der Zeitgeist, und so wills die Mode.
          Doch ich verabscheue diese Methode!
          Zuwider ist mir, was sich stets verneigt
          Und all und jedem Sympathie bezeugt:
          Die Küßchengeber und Ansbrustbeindrücker,   45
          Wortstaubbläser und Hofberichtausschmücker –

Zu Hohlkopf und Genie sind sie gleich nett
Und nennen das dann Flexibilität.
Was nützt, daß mit Gewese und mit Stöhnen
Jemand dein Loblied singt in höchsten Tönen, 50
Wenn er, den Hals auf Durchgangsluft getrimmt,
Beim nächsten Herrn das gleiche Lied anstimmt?
Kein Mann von Herkunft und von Geistesgaben
Kann Lust an solchen Hurenbräuchen haben:
Die schönsten Ruhmessprüche werden schal, 55
Weiß man, der Rühmer sprach sie tausendmal.
Respekt, sag ich, soll auf Verdienst sich gründen,
Der alles lobt, läßt, was er lobt, verschwinden.
Frönst nun auch du der Unsitte der Zeit,
Bin ich, verdammt! den Umgang mit dir leid: 60
Weißt du Brillant und Kiesel nicht zu scheiden,
Muß ich dich, ob du mir auch lieb warst, meiden
Und bleibe als ein Solitär allein,
Denn aller Menschen Freund kann ich nicht sein.

PHILINTE Indes verkehrn wir in den besseren Kreisen, 65
Wo's Brauch ist, sich stets dankbar zu erweisen.

ALCESTE Nein, sage ich: verschärfte Haft gebührt
Dem, der die Dankbarkeit als Ware führt!
Der echte Mann, er wird an allen Tagen
Was sein Herz fühlt, auch auf der Zunge tragen, 70
Nur das bewahrt ihn, komme was es sei,
Vor falschen Schwüren und Lobhudelei.

PHILINTE Doch kenn ich manchen Ort, wo offnes Reden
Nicht ratsam wäre und verprellte jeden,
Ja, Segen wird des öfteren bewirkt, 75
Wenn man, was man im Herzen meint, verbirgt.
Was hülfe denn, wenn, statt daß man sie nicht sagt,
Man jedermann die Wahrheit ins Gesicht sagt?

Und ist es recht, falls einem wer mißfällt,
Daß man ihm das vom Fleck brühwarm erzählt? 80

ALCESTE Ja.

PHILINTE Aber. Sagst du einer eitlen Alten,
Sie möchte doch ein wenig Abstand halten,
Weil sie so kräftig aus dem Munde stinkt?

ALCESTE Gewiß.

PHILINTE Dem Hoftenor, daß er schlecht singt?
Und wenn Herr X. von seinen Taten faselt, 85
Daß er, weil er bloß langweilt, besser Maß hält?

ALCESTE Selbstredend.

PHILINTE Nicht im Ernst.

ALCESTE Im Ernst durchaus,
Ich tu's, und lasse keinen dabei aus.
Zu sehr verletzt mich, was ich täglich sehe
Bei Hof und in der Stadt, es ist die Höhe!; 90
Betrachte ich um mich der Dinge Lauf,
Fällt Wut mich an und rührt die Galle auf –
Überall Feigheit, Selbstsucht, Kungeleien,
Verrat und Raffgier, die zum Himmel schreien:
Mir kocht das Blut, und ich ertrag es nicht 95
Und reiß dem Pack die Maske vom Gesicht.

PHILINTE Ein bißchen wild will mir dein Kummer scheinen
Und bringt mich mehr zum Lachen denn zum Weinen,
Ja, höre ich uns zwei, klingt es, als wär
Der Text aus einem Lustspiel von Molière, 100
Darin –

ALCESTE	Du witzelst, und dein Witz ist fade.	

PHILINTE Du aber ernstelst, und das ist dein Schade.
Veränderst du damit vielleicht die Welt?
Doch da dir Offenheit so sehr gefällt,
Sag ich dir offen: Diese Wut zur Wahrheit 105
Bringt dir nur Ärger, aber keinem Klarheit,
Und läßt du an der Welt kein gutes Haar,
Giltst du bei allen bald als armer Narr.

ALCESTE Ja prächtig! eben das ist's, was ich suche,
Und zeigt, ich bin im Recht, wo ich verfluche: 110
Gält ich den Menschen als ein artiger Mann,
Wärs peinlich, denn ihr Dasein stinkt mich an.

PHILINTE So willst du gleich der ganzen Menschheit übel?

ALCESTE Ja, sie verdient des Hasses volle Kübel.

PHILINTE Und ist nicht Einer, der gerecht dir scheint, 115
Weil er, mag sein im stillen, Gutes meint?
Sollte man nicht, in unserem Jahrhundert –

ALCESTE Mein Haß gilt allen, und ich bin verwundert,
Wie du nicht siehst: Die Einen sind gemein,
Die Andern lassen Fünf gerade sein 120
Und es an jener Unduldsamkeit fehlen,
Die wohnen soll in tugendhaften Seelen.
Höchst klar erweist sich, wohin Nachsicht führt,
Bei jenem Schuft, der mit mir prozessiert:
Durch seine Maske sieht man den Verräter 125
Und alle Welt kennt ihn als Übeltäter;
Sein Augenaufschlag und sein sanfter Ton
Erscheint nur Fremden nicht als blanker Hohn;
Vom Scheitel bis an seine Stiefelschäfte

	Glänzt er allein durch schmutzige Geschäfte,	130
	Durch die der Plattfuß derart reüssiert,	
	Daß echte Tugend davon schamrot wird.	
	Niemand, wo auch von ihm die Rede wäre,	
	Gäb auch nur einen Sous auf seine Ehre –	
	Nenn ihn Halunke, Schurke, übler Wicht,	135
	Jeder stimmt zu, und keiner widerspricht.	
	Und dennoch wird er überall empfangen,	
	Man lächelt ihm, er küßt der Herren Wangen,	
	Und winkt ein hochbezahlter Posten, prompt	
	Kriegt er ihn statt des Fachmanns, dem er frommt.	140
	Dies ansehn müssen, wie Verderbnis reich macht	
	Und Lässigkeit Verdienst und Schande gleich macht,	
	Zerreißt mein Herz, und oft schon wollt ich fliehn	
	Wo kein Mensch wohnt, in eine Wüste hin.	
PHILINTE	Mein Gott. Wie wärs, du würdest an dich halten	145
	Und ließest füglich etwas Milde walten?	
	Die heutige Gesellschaft hängt am Schein,	
	Und stört dich das, kannst du ihr doch verzeihn,	
	Statt stets zu schmälen wegen ihrer Sünden –	
	Sie muß die Tugend auch erträglich finden!	150
	Vernunft, sag ich, vermeidet das Extrem,	
	Und suchst du Höheres, frag dich, bei wem.	
	Die überharte Strenge alter Zeiten	
	Verträgt sich nicht mit den Gegebenheiten:	
	Sie fordert allzuviel Vollkommenheit;	155
	Drum sei kein Narr und füge dich der Zeit,	
	Die ist nun so, du mußt sie ja nicht loben,	
	Sie ändern wollen ist durchaus verschroben.	
	Ich, ganz wie du, seh täglich um mich her	
	So manches Übel, das zu bessern wär,	160
	Fänd nicht die Mehrheit darin ihr Behagen;	
	Doch hörtest du mich je darüber klagen?	
	Die Seele, statt daß sie nur mault und stöhnt,	

	Lebt sehr viel besser, wenn sie sich gewöhnt:	
	Üb dich in Gleichmut!, das, in jedem Falle,	165
	Scheint mir zuträglicher als deine Galle.	

ALCESTE   Den Gleichmut rühmst du. Aber was, wenn der
          Durchaus durch manches zu erschüttern wär?
          Gesetzt, daß alte Freunde dich betrögen
          Und brächten dich durch Tricks um dein Vermögen, 170
          Ja, schwärzten dich sogar beim König an –
          Bliebst du auch dabei ein gelassener Mann?

PHILINTE Ist, frag ich mich, all dieser Laster Reigen
          Nicht schlicht der menschlichen Natur zu eigen?
          So daß ich, wenn ich wachen Auges seh: 175
          Der Mensch ist eigennützig, dumm und zäh,
          Nicht mehr erblickte, als wenn Schlangen beißen
          Und Wölfe sich ein Lamm zur Nahrung reißen?

ALCESTE   Ha! wenn man mich verrät, bestiehlt, verletzt,
          Soll ich... Ich schweige. Daß auch du zuletzt 180
          Ganz ohne Scham der Niedertracht den Sieg läßt!

PHILINTE Tatsächlich wäre angebracht, du schwiegest
          In unserm Streit, und sorgtest dich stattdes
          Ums wirklich Wichtige: deinen Prozeß.

ALCESTE   Das werd ich nicht tun, darauf kannst du bauen. 185

PHILINTE Doch wer sagt gut für dich? Wem darfst du trauen?

ALCESTE   Wem? Dem Gesetz, der Billigkeit, dem Staat.

PHILINTE Und suchst du keinen Richter auf, privat?

ALCESTE   Wozu? Die gute Sache wird ja siegen.

PHILINTE	Vielleicht. Indes bedenke die Intrigen. Und –	190
ALCESTE	Nein. Ob Recht, ob Unrecht, sagt allein Mir das Gericht.	
PHILINTE	Das kann parteiisch sein.	
ALCESTE	Ach, kann es das?	
PHILINTE	Dein Gegner hat viel Einfluß, Und seine List –	
ALCESTE	Erduld ich, wenn es sein muß.	
PHILINTE	Doch das ist Leichtsinn!	
ALCESTE	Sei's drum.	
PHILINTE	Dann indes –	195
ALCESTE	Verlier ich mit Vergnügen den Prozeß.	
PHILINTE	Aber –	
ALCESTE	In der Verhandlung werd ich sehen, Wie weit die Richter in der Sache gehen, Und ob die Staatsmacht sich darin gefällt, Mir Unrecht anzutun vor aller Welt.	200
PHILINTE	Was für ein Mann.	
ALCESTE	Dann halte ich den Posten Von Recht und Anstand, und trag gern die Kosten.	

| PHILINTE | Hörte wer andres, wie du sprichst, Alceste, |
| | Fiele der um vor Lachen, das steht fest. |

| ALCESTE | Das träf den Lacher selbst. |

PHILINTE   Nur: jene Reinheit,   205
Die du stets anführst gegen die Gemeinheit,
Die Redlichkeit, der du dich ganz verschriebst –
Findest du sie bei der auch, die du liebst?
Da du bei jedem Wind des Zeitgeists leidest,
Ja, mit der ganzen Menschheit dich zerstreitest,   210
Muß, staune ich, sei's wirklich oder Schein,
In jener Dame Wesen etwas sein,
Das dich berückt? Und mehr noch, sag ich offen,
Wundert die Wahl mich, die dein Herz getroffen:
Aufrichtig ist *Éliante* dir zugetan,   215
Arsinoé, sonst prüde, sieht dich liebreich an –
Da bleibst du kühl und wahrst die Seelenruhe,
Wogegen *Célimène* und ihr Getue,
Ihr flinker Spott, ihre Koketterie
Dich stets erheitern, obwohl grade sie   220
Zu all dem Tand und Modeschnickschnack passen,
Welchen du nicht umhinkannst, sonst zu hassen!
Sind Fehler keine mehr, wenn Einer liebt,
Weil er dann blind wird? oder sie vergibt?

ALCESTE   Was ich für diese junge Witwe fühle,   225
Raubt mir mitnichten meines Urteils Kühle,
Und welche Glut sie auch in mir entfacht,
Hab ich doch ihre Schwächen längst bedacht,
Ja bin der Erste, sie ihr anzukreiden;
Und doch, gesteh ich, kann ich nicht vermeiden,   230
Daß schon ihr Gang, ihr Blick, und, ach! ihr Mund,
Kurz, ihre Anmut, mich bezaubern und

| | Mich sicher machen, daß, sind wir vereinigt, |
| | Die Leidenschaft bald ihre Seele reinigt. |

PHILINTE   Ein hohes Zutraun, das da aus dir spricht. 235
So glaubst du dich von ihr geliebt?

ALCESTE   Wie nicht?
Glaubte ich das nicht, könnt ich sie nicht lieben.

PHILINTE   Und wie dann kommt, wenn dich nicht Zweifel trieben,
Daß dich die Schar deiner Rivalen stört?

ALCESTE   Weil, daß ihm die Geliebte ganz gehört, 240
Das Herz verlangt; einzig ihr das zu sagen
Hat mich mein Schritt heut in ihr Haus getragen.

PHILINTE   Stünde mein Glück, wie deines, auf dem Spiel,
Wär *Éliante* nur meiner Seufzer Ziel:
Sie schätzt dich, billigt all dein Tun und Lassen, 245
Und würde rundum besser zu dir passen.

ALCESTE   Wohl sagt mir mein Verstand das jeden Tag,
Umsonst, da ihm das Herz nicht folgen mag.

PHILINTE   Wie oft hat sich ein Herz getäuscht gefunden,
Und –

ZWEITE SZENE
Oronte, Alceste, Philinte

*Herein Oronte. Alceste, in Gedanken versunken,
scheint ihn nicht zu bemerken.*

ORONTE *zu Alceste:*
              Fräulein Éliante, sagt man mir unten, 250
Ist ausgegangen, mit ihr Célimène;
Indes die Aussicht, Sie, mein Herr, zu sehn,
Führt mich schnurstracks treppauf, um auszudrücken
Ein langempfunden inniges Entzücken,
Das Ihnen gilt, will sagen, mein Begehrn, 255
Zum Kreise Ihrer Freunde zu gehörn,
Nämlich, da ich Verdienst stets anerkenne,
Brenn ich darauf, daß uns hinfort nichts trenne.
Ein solcher Antrag, aufrichtig und rein,
Wird, denke ich, nicht abzuweisen sein? 260
Sie sinds, mein Herr, Pardon! mit dem ich spreche.

ALCESTE *reißt sich aus seinen Grübeleien*
Wie, ich?

ORONTE   Sie finden, daß ich mich erfreche?

ALCESTE Nein nein. Nur sprachen Sie mit etwas Hast,
Und ich war auf die Ehre nicht gefaßt.

ORONTE Daß man Sie ehrt, muß Sie doch nicht verwundern! 265
Doch solln Sie gleich dafür den tiefern Grund hörn.

ALCESTE Mein Herr –

ORONTE   Kein Mann im Staat verdient so sehr
Das Maß an Achtung, die ich Ihnen schwör!

ALCESTE   Mein Herr –

ORONTE   Die ringsum für bedeutend gelten,
Die übertreffen Sie, mein Herr, um Welten!   270

ALCESTE   Mein Herr –

ORONTE   Lüg ich, erschlage mich ein Stein!
Und darum, bitt ich, soll besiegelt sein
Durch mannhaftes Umarmen unser Bund nun,
Auf daß wir ihn vor aller Welt uns kundtun,
Was auch in Ihrem Sinn ist sicherlich.   275
Auf ewig denn!

ALCESTE   Mein Herr –

ORONTE   Sie weigern sich?!

ALCESTE   Freundschaft, mein Herr, die im Gemüt daheim ist,
Birgt darum in sich immer ein Geheimnis,
Und wenig wär ihr hoher Name wert,
Wenn man ihn zu oft braucht oder beschwört: 280
Vor jeder Freundschaft steht das Kennenlernen;
Ob sich zwei Seelen nähern, ob entfernen,
Das zeigt sich erst; schließt man ihn vor der Zeit,
Kann sein, daß man den Handel bald bereut.

ORONTE   Mein Gott! so spricht ein Mann, den Weisheit adelt, 285
Und der zu Recht mein Unbedachtsein tadelt.
So knüpfe denn die Zeit das zarte Band!
Bis da verfügen Sie, als Unterpfand
Künftiger Nähe, über meinen Einfluß

	Bei Hofe, auch beim König, wenn es sein muß:	290
	Er leiht mir, darf ich sagen, gern sein Ohr	
	Und urteilt günstig, stell ich ihm was vor.	
	Vorerst indes – da aller Welt bekannt ist,	
	Von welcher Kraft und Klarheit Ihr Verstand ist –	
	Erbitt ich, weil man sich doch gern berät,	295
	Ihre Kritik, betreffend ein Sonett:	
	Ob es wohl taugt, bei Hof es vorzutragen?	

ALCESTE Da muß ich eine Antwort mir versagen,
Herr, mit Verlaub.

ORONTE   Warum?

ALCESTE   Mein Fehler ist,
Ich bin zu gradezu als Analyst.   300

ORONTE Aber das ist es doch, worum ich bitte!
Sprechen Sie ohne Rücksicht, auch auf Dritte –
Würden Sie schmeicheln, wäre ich gekränkt!

ALCESTE Nun denn, dann gern, wenn Sie der Wunsch so drängt.

ORONTE *Hoffnung.* 's ist ein Sonett. Für eine Dame,   305
Die mich auf Liebe hoffen ließ… Der Name
Ist's des Gedichts. Das sich nicht lauthals gibt,
Sondern ganz leise: zärtlich und verliebt.

ALCESTE Wir werden sehen.

ORONTE   *Hoffnung.* Wissen möchte
Ich, ob die Wahl der Worte ist die rechte,   310
Und ob der Versbau Ihnen nicht mißfällt.

ALCESTE Wir werden sehen.

ORONTE	Auch sei festgestellt,
	Ich machte es in einer Viertelstunde.

ALCESTE Der Zeitaufwand besagt ja nichts im Grunde.

ORONTE *liest:*
> Hoffnung, das ist wahr, sie kann ein Trost sein, 315
> Hüllt die Sorgen ein für kurze Frist –
> Aber, Phyllis, sie kann hart wie Frost sein,
> Wenn das dann alles gewesen ist.

PHILINTE Ein starker Einstieg! Ich bin schon entzückt.

ALCESTE *leise zu Philinte:*
Du lobst die Pfuscherei? Bist du verrückt? 320

ORONTE *liest:*
> Zwar, Sie zeigten mir Entgegenkommen,
> Besser, ach, wär weniger davon –
> Denn ein hoher Aufwand kann nicht frommen,
> Folgt daraus nicht auch der süße Lohn.

PHILINTE Oh! Gradezu galant ist diese Wendung! 325

ALCESTE *leise zu Philinte:*
Schuft! Du bestärkst ihn noch in der Verblendung?

ORONTE *liest:*
> Soll nun dieses Dauerhoffnungmachen
> Tag für Tag mein Liebesglühn entfachen,
> Bringt Erlösung bloß der Tod –
> Worte, Phyllis, können mich nicht retten, 330
> Und ich muß mich in Verzweiflung betten,
> Wenn nur ewig Hoffnung droht.

PHILINTE Der Schluß nimmt ein. Allein der Reim wirkt Wunder!

ALCESTE *leise für sich:*
Zur Hölle mit dem Schluß und all dem Plunder!
Daß dir das Wort im Halse steckenbleibt! 335

PHILINTE Meisterlich! Ohne daß man übertreibt.

ALCESTE *leise für sich:*
O Pest.

ORONTE *zu Philinte:*
Sie schmeicheln mir. Mag sein, Sie wähnen...

PHILINTE Ich schmeichle nicht!

ALCESTE *leise für sich:*
Wie wär's mit ein paar Tränen?

ORONTE *zu Alceste:*
Sie aber, Herr, bedenken unsern Bund
Und sprechen klar, aufrichtig und profund. 340

ALCESTE Das ist prekär: Kritik soll unverblümt sein,
Doch wolln wir alle allzu gern gerühmt sein.
So sagte neulich ich zu einem Herrn –
Den Namen hier zu nennen sei mir fern –
Daß, wenn er fühlt ein wohlbekanntes Jucken, 345
Das ihm die Hand läßt nach der Feder zucken,
Er sich bemeistern möge und im Zaum
Halte den Schreibdrang, der doch meist nur Schaum
Hervorbringt und mit leerem Wortgepränge
Ihn leicht in eine dumme Rolle zwänge. 350

ORONTE	Sie meinen, daß, falls mich die Schreiblust plagt,
	Wär besser, ich –
ALCESTE	Das hab ich nicht gesagt.
	Doch tat ich dar, daß laienhaftes Dichten
	Geeignet ist, sein Ansehn zu vernichten,
	Weil, hätt er sich auch sonst verdient gemacht, 355
	Man für die eine Schwäche ihn verlacht.
ORONTE	Ist's das, was Sie in dem Sonette finden?
ALCESTE	Das hab ich nicht gesagt. Doch zu den Gründen
	Fügte ich noch, daß Versedrechselei
	Das Ende mancher schönen Laufbahn sei. 360
ORONTE	Dann stimmt, heißt das, mein Stil den Hof verdrießlich?
ALCESTE	Das hab ich nicht gesagt. Doch fragt ich schließlich:
	Was fühlen Sie zum Reimen sich befugt?
	Und wünschen dann auch noch, daß man es druckt?
	Denn wohl kann man ein schlechtes Buch vergeben 365
	Dem Dachpoeten – er muß davon leben,
	Doch nie und nimmer einem Ehrenmann:
	Der wirke für den Staat, so gut er kann;
	Drum widerstehn Sie, rief ich, der Verlockung
	Und geben nicht anheim sich der Verschmockung, 370
	Wenn ein Verleger, der nach Geld nur giert,
	Sie frech als jungen Autor propagiert!
	Dies war's, was ich ihm suchte zu erklären.
ORONTE	Das konnte diesen Herrn gewiß belehren,
	Doch wüßt ich gerne, was mit dem Sonett – 375
ALCESTE	Tun Sie's gut weg, von mir aus unters Bett;
	Denn wie man es auch ansieht oder hinstellt,

Es will Kunst sein, und wirkt doch nur gekünstelt.
Was heißt: *Hüllt Sorgen ein für kurze Frist?*
Und was: *Wenn das alles gewesen ist?* 380
Was: *Ein hoher Aufwand kann nicht frommen?*
Was: *Wenn ewig Hoffnung droht?**
Der höfische Floskelstil, der Zeilen füllt, 385
Indem er, was zu zeigen wär, verhüllt,
Hat weder Kraft noch Saft: Er gibt sich zierlich
Und bleibt doch bloß Geschwätz und unnatürlich.
Unsere Väter, die ich schätz und lob,
Sprachen noch einfach, notfalls auch mal grob; 390
Wie anders klingt, als was man heut bewundert,
Ein Lied aus dem vergangenen Jahrhundert:

> Böte mir Henri, der König,
> Seine große Stadt Paris,
> Wär die Stadt mir doch zu wenig, 395
> Wenn ich meine Liebe ließ,
> Und zum König spräche ich:
> Nehmen Sie Paris für sich –
> Denn mein Liebchen, die ist süß,
> Süßer als die Stadt Paris. 400

Der Stil ist ältlich, und der Reim recht schlicht;
Doch fragen Sie sich selber: Taugt das nicht
Mehr als die leere Streu, die man zum Strauß flicht,
Weil in ihm reine Leidenschaft sich ausspricht?

> Böte mir Henri, der König, 405
> Seine große Stadt Paris,
> Wär die Stadt mir doch zu wenig,
> Wenn ich meine Liebe ließ;
> Und zum König spräche ich:

---

* Zwei weitere Verse Molières, die aus dem Sonett zitieren, sind hier ausgelassen.

                    Nehmen Sie Paris für sich –   410
                    Denn mein Liebchen, die ist süß,
                    Süßer als die Stadt Paris.

                    Kann ein verliebtes Herz mehr sagen? Nein.

                    Philinte lacht.

                    Du lachst, Philinte? Und willst ein Kenner sein?
                    Mir gilt dies Liedchen mehr als all die tollen   415
                    Verrenkungen, die heute Kunst sein wollen.

ORONTE   Und ich behaupte, mein Sonett ist gut!

ALCESTE   Das ist gewiß Ihr Recht, indes es tut
            Wenig zur Sache, und Sie, Bester, müssen
            Erlauben, daß es andre anders wissen.   420

ORONTE   Minister warn entzückt von dem Gedicht!

ALCESTE   Die konnten heucheln, ich, mein Herr, kann's nicht.

ORONTE   Sie wollen sich hier wohl recht geistreich zeigen!

ALCESTE   Sie loben brächte allen Geist zum Schweigen.

ORONTE   Auf derlei Lob leiste ich gern Verzicht!   425

ALCESTE   Das müssen Sie, da ja nichts für Sie spricht.

ORONTE   Wie wär's, wenn Sie, statt im Olymp zu wandeln,
            Das gleiche Thema sonettiert behandeln?

ALCESTE   Das gäbe auch bloß Stuß, bin ich gewiß,
            Nur daß ich den dann keinen lesen ließ.   430

ORONTE   Man kann ja Ihren Dünkel förmlich riechen!

ALCESTE   Suchen Sie andre, die vor Ihnen kriechen.

ORONTE   Sie reden ziemlich deutlich, junger Mann!

ALCESTE   Ich rede, alter Mann, wie ichs grad kann.

PHILINTE *stellt sich zwischen Oronte und Alceste*
          Messieurs, das geht zu weit. Und wenn ich sehe – 435

ORONTE   Nein nein, ich habe unrecht, und ich gehe;
          Ihr Diener, Herr, jetzt und für alle Zeit.

ALCESTE   Ganz meinerseits, und zwar in Ewigkeit.

          Oronte ab.

DRITTE SZENE
Alceste, Philinte

PHILINTE Da stehn wir! gegen alle guten Sitten
          Hast du dich in was Übles reingeritten; 440
          Oronte wollte ja bloß, daß man ihn lobt!

ALCESTE   Du schweig.

PHILINTE   Nein, denn –

ALCESTE   Sonst bin ichs, der hier tobt.

PHILINTE Gleichwohl –

ALCESTE   Kein Wort mehr.

PHILINTE	Wir –
ALCESTE	Ich will nichts wissen.
PHILINTE	Indes –
ALCESTE	Genug!
PHILINTE	Du –
ALCESTE	Noch was?
PHILINTE	Wir zwei müssen –
ALCESTE	Ob du, und zwar für immer, dich entfernst? 445
PHILINTE	Das wär ein Fehler. Du nimmst mich nicht ernst.

ACTE DEUXIÈME

SCÈNE PREMIÈRE
Alceste. Célimène

ALCESTE Madame, voulez-vous que je vous parle net?
De vos façons d'agir je suis mal satisfait;
Contre elles dans mon cœur trop de bile s'assemble,
Et je sens qu'il faudra que nous rompions ensemble. 450
Oui, je vous tromperais de parler autrement;
Tôt ou tard nous romprons indubitablement;
Et je vous promettrais mille fois le contraire,
Que je ne serais pas en pouvoir de le faire.

CÉLIMÈNE C'est pour me quereller donc, à ce que je vois, 455
Que vous avez voulu me ramener chez moi?

ALCESTE Je ne querelle point; mais votre humeur, Madame,
Ouvre au premier venu trop d'accès dans votre âme :
Vous avez trop d'amants qu'on voit vous obséder,
Et mon cœur de cela ne peut s'accommoder. 460

CÉLIMÈNE Des amants que je fais me rendez-vouz coupable?
Puis-je empêcher les gens de me trouver aimable?
Et lorsque pour me voir ils font de doux efforts,
Dois-je prendre un bâton pour les mettre dehors?

ALCESTE Non, ce n'est pas, Madame, un bâton qu'il faut prendre, 465
Mais un cœur à leurs vœux moins facile et moins tendre.
Je sais que vos appas vous suivent en tous lieux;
Mais votre accueil retient ceux qu'attirent vos yeux;
Et sa douceur offerte à qui vous rend les armes
Achève sur les cœurs l'ouvrage de vos charmes. 470
Le trop riant espoir que vous leur présentez
Attache autour de vous leurs assiduités;

ZWEITER AKT

ERSTE SZENE
Alceste, Célimène

ALCESTE Madame, gestatten Sie ein offenes Wort?
Es ist etwas in mir, das lange bohrt
Und das mich bitter ankommt auszusprechen;
Gleichwohl: Wir sollten miteinander brechen. 450
Würd ich Sie täuschen und behielt's für mich,
Hülfe das wenig – unabänderlich
Folgt früher oder später der Verkennung
Dessen, was ist, am Ende doch die Trennung.

CÉLIMÈNE Um sich zu zanken, ja zu einem Streit 455
Wollten Sie mich nach Haus begleiten heut?

ALCESTE Ich streite nicht. Nur: daß Sie Ihre Seele
Jedermann öffnen, macht, daß ich mich quäle,
Und wie Sie der Verehrer Schar bedrängt
Sieht mein Herz hilflos, und es ist gekränkt. 460

CÉLIMÈNE Daß man mir nachläuft, müssen Sie beklagen?
Soll ich die Herrn mit einem Stock verjagen?
Die finden mich nun einmal liebenswert
Und melden sich; was ist daran verkehrt?

ALCESTE Ein Stock, Madame, wird da gewiß nicht frommen; 465
Wie wär's mit weniger Entgegenkommen?
Zwar, Ihre Reize ziehen jeden an,
Doch müssen Sie auch noch kokett sein dann
Und die Bewerber, die sich produzieren,
Mit mancher süßen Andeutung verwirren? 470
Die Hoffnung, die die Gockel fälschlich sehn,
Läßt die doch täglich nur noch weiter gehn,

	Und zweifellos wär ihre Zahl geringer,	
	Böten Sie jedem nicht den kleinen Finger.	
	So etwa frag ich mich, welchem Geschick	475
	Verdankt *Clitandre* Ihrer Neigung Glück,	
	Und welche Tugend oder welche Taten	
	Ließen in Ihre Nähe ihn geraten?	
	Ist es der weißblonden Perücke Pracht,	
	Die, hör ich, jetzt bei Hof Furore macht?	480
	Bezaubern Sie die Rüschen und die Spitzen,	
	Die überall an seiner Kleidung sitzen?	
	Wirkt sein Kleinfingernagel, überlang,	
	So heftig, daß er Ihr Gemüt bezwang,	
	Oder der Charme der weiten Pluderhosen,	485
	Die mit den nicht vorhandenen Waden kosen?	
	Hat seine Fistelstimme, die so quäkt,	
	Sie hingerissen und Ihr Herz bewegt?	
CÉLIMÈNE	Daß Ihre Eifersucht so maßlos sein muß!	
	Clitandre ist mir wichtig, weil sein Einfluß	490
	In dem Prozeß mir Recht verschaffen kann,	
	Den ich am Hals hab; so sagt er mir's an.	
ALCESTE	Verliern Sie den Prozeß, Madame, mit Haltung,	
	Und Ihr Galan spart sich die Mühewaltung.	
CÉLIMÈNE	Sie sind ja eifersüchtig wie ein Kind.	495
ALCESTE	Weil Sie zu all und jedem freundlich sind!	
CÉLIMÈNE	Und wieso wäre das ein Grund zu schelten,	
	Da ja die Freundlichkeiten allen gelten?	
	Viel eher dürften Sie beleidigt sein,	
	Gewährte ich sie einem Herrn allein!	500

ALCESTE Wenn ich wie alle Zugang in Ihr Haus hab,
         Was bleibt dann, das den andern ich voraushab?

CÉLIMÈNE Das Glück geliebt zu sein, mein Herr Alceste.

ALCESTE Nur daß sich an dies Glück nicht glauben läßt!

CÉLIMÈNE Da ich es Ihnen so beflissen sage, 505
         Erübrigt sich wohl jede weitere Klage.

ALCESTE Und weiß ich, ob im nächsten Augenblick
         Sie nicht wem andern künden dieses Glück?

CÉLIMÈNE Das sind mir wirklich süße Schmeicheleien,
         Die mich mir nichts, dir nichts der Falschheit zeihen! 510
         Gut also denn: Ich nehme Stück für Stück
         Die Worte, die ich frei gestand, zurück,
         Und kein Grund mehr zum Mißtraun ist geblieben.
         Sind Sie zufrieden?

ALCESTE   Muß ich Sie so lieben!
         Gäben Sie mir, Madame, mein Herz zurück, 515
         Den Himmel priese ich für dieses Glück!
         Wirklich, ich hab auf tausenderlei Weisen
         Versucht, dieses Gefühl mir auszureißen:
         Umsonst! und nichts, das mir Erlösung schafft!
         Ich bin damit geschlagen und gestraft. 520

CÉLIMÈNE Stimmt, Ihre Leidenschaft ist unvergleichlich.

ALCESTE Ja, Amor gab mir davon überreichlich;
         Und niemand, wie Sie an sich selber sehn,
         Wird dieser Gluten Toben je verstehn.

CÉLIMÈNE Tatsächlich ist das ein ganz neues Leiden: 525

	Sie lieben, um sich mit Aplomb zu streiten!

Sie lieben, um sich mit Aplomb zu streiten!
Nie, glaub ich, sah wer solch ein sonderbar
Inniges Lieben, das so zänkisch war.

ALCESTE Bei Ihnen liegt es, das ins Glück zu kehren!
Lassen Sie uns dem Streit den Weg versperren, 530
Indem wir ohne jeden weitern Auf- –

ZWEITE SZENE
Alceste, Célimène, Basque

Herein Basque.

CÉLIMÈNE Was gibts?

BASQUE Marquis Acaste.

CÉLIMÈNE Gut, bitten Sie ihn rauf.

Basque ab.

DRITTE SZENE
Alceste, Célimène

ALCESTE Ist das denn möglich: Sie empfangen jeden!
Dürfen wir nie unter vier Augen reden?
Kann nicht Ihr Diener – ich frag wie ein Kind – 535
Ausrichten, daß Sie nicht zu Hause sind?

CÉLIMÈNE Wozu soll ich mir den Acaste verprellen?

ALCESTE Die Antwort kann mich nicht zufriedenstellen.

CÉLIMÈNE   Das ist ein Mann, der es mir nie verzeiht,
           Erfährt er, daß sein Anblick mich nicht freut. 540

ALCESTE   Ja wenn schon! Sind Sie auf ihn angewiesen?

CÉLIMÈNE   Mein Gott! Acaste gehört einmal zu diesen
           Figuren, die bei Hof, ich weiß nicht wie,
           Das große Wort zu führen wissen, sie
           Ziehen, geht's um Intrigen, stets den Faden 545
           Und nützen keinem, aber können schaden,
           Und wie beschützt man sich auch immer meint,
           Man lebt nicht sicher, hat man sie zum Feind.

ALCESTE   Schon möglich, nur: mit allem, was Sie sagen,
           Finden Sie Gründe, jeden zu ertragen, 550
           Weil falsche Vorsicht Ihren Blick verstellt.

VIERTE SZENE
Célimène, Alceste

Herein Basque.

BASQUE   Marquis Clitandre.
           ab

ALCESTE   Der hat noch gefehlt.
           greift nach seinem Hut

CÉLIMÈNE   Wohin?

ALCESTE   Ich gehe.

CÉLMÈNE   Bleiben Sie.

ALCESTE	Warum denn?
CÉLIMÈNE	Weil ich es will.
ALCESTE	Ich kann nicht.
CÉLIMÈNE	Ach.
ALCESTE	Nein. Um den Gesprächen jetzt zu folgen, finde ich Mich nicht bei Laune, sie entnerven mich.
CÉLIMÈNE	Doch solln Sie bleiben.
ALCESTE	Und ich will nicht sollen.
CÉLIMÈNE	Na schön, verschwinden Sie. Ganz wie Sie wollen.

FÜNFTE SZENE
Alceste, Célimène, Éliante, Philinte,
Acaste, Clitandre, Basque

Herein Éliante, Philinte, Acaste, Clitandre, Basque.

ÉLIANTE *zu Célimène:*
Ich bring die zwei Marquis gleich mit herauf,
War das so recht?

CÉLIMÈNE Ja. Basque, stell Stühle auf.

Basque rückt Sitzgelegenheiten zurecht; ab.

zu Alceste:
Sie gehn nicht?

ALCESTE   Nein. Und Sie, Madame, entscheiden
          Sich nun für mich, oder für diese beiden.

CÉLIMÈNE Wie meinen Sie?

ALCESTE   Wählen Sie, und noch heut.

CÉLIMÈNE Sie sind verrückt.

ALCESTE   Das bin ich keinen Deut.

CÉLIMÈNE Ach.

ALCESTE   Treffen Sie die Wahl.

CÉLIMÈNE   Mir scheint, Sie scherzen.   565

ALCESTE   Nein. Schluß mit der Geduld in meinem Herzen.

CLITANDRE Mein Gott! Ich komm vom Louvre, wo Cléonte
          Hat wieder einmal nicht umhingekonnt,
          Sich ganz vollendet lachhaft aufzuführen;
          Wer, frag ich, lehrt den Mann einmal Manieren!   570

CÉLIMÈNE Wirklich, sobald er in Gesellschaft ist,
          Tritt er in einen Fettnapf, und man liest
          In seinen Augen so viel muntere Torheit,
          Als ob er auf den nächsten Napf sich vorfreut.

ACASTE   Ha! da von Komikern die Rede war –   575
          Ich traf heut ein besonderes Exemplar:
          Damon, der Schwafler, hat mich für zwei Stunden
          Mit seinem Redeschwall fast totgeschunden!

CÉLIMÈNE Wohl wahr, das ist ein Schwätzer vor dem Herrn:

                Nie sagt er was, doch referiert er gern   580
                Von Selbsterfahrung und vom Grund des Lebens;
                Was da gemeint ist, fragt man sich vergebens.

ÉLIANTE   *zu Philinte:*
                Ein Anfang wie in einer Hofschmähschrift;
                Ich bin gespannt, wen es als nächsten trifft.

CLITANDRE   Timante, Madame, ist auch ein Typ zum Lachen.   585

CÉLIMÈNE   Der muß sich selber zum Mysterium machen:
                Kommt er des Wegs, dann mit verhangenem Blick,
                Ganz ohne Ziel läuft er vor und zurück
                Und zieht dazu höchst angestrengt Grimassen,
                Die jeden seinen Herztod fürchten lassen;   590
                Immer hat ein Geheimnis er parat,
                Das, wenn er's lüftet, gar nichts an sich hat;
                Wolken muß zu Gewittern er verdüstern
                Und sogar »Guten Tag« dramatisch flüstern.

ACASTE   Trifft! Und Géralde?

CÉLIMÈNE   Den meid ich kurzerhand: 595
                Was ihm im Kopf spukt, ist allein der Stand:
                Zitiert er was, dann stets aus höchsten Kreisen,
                Deren Dienstboten ihm, scheints, Gunst erweisen;
                Das Thema, womit er uns Damen plagt,
                Sind teure Kutschen, Pferde, Hunde, Jagd,   600
                Und nie wird er das Wörtchen »Herr« benutzen,
                Denn wer von Adel ist, den muß er duzen.

CLITANDRE   Er soll sich bestens mit Bélise stehn.

CÉLIMÈNE   Wie es mich nervt, die Dame nur zu sehn!
                Sagt sie sich an, gerate ich in Nöte   605

Und grüble dauernd, was und wie ich rede,
Denn was sie selber lispelt oder zirpt,
Ist derart fad, daß das Gespräch erstirbt;
Vergeblich will man sich ihr anbequemen
Mit möglichst simplen allgemeinen Themen, 610
Indes auch Wetter, Hagelschlag und Blitz
Sind noch zu anspruchsvoll für ihrem Witz;
Alles, womit ich sie zum Aufbruch dränge,
Zieht den Besuch nur weiter in die Länge –
Man gähnt, blickt auf die Uhr, seufzt, dreht sich weg, 615
Sie sitzt wie Stein und rührt sich nicht vom Fleck.

ACASTE   Und aber nun Adraste?

CÉLIMÈNE   Aus was für Holz ist
Ein Mann, der einzig auf sein Stolzsein stolz ist!
Ewig sieht er bei Hofe sich verkannt,
Und wird ein hübsch dotiertes Amt vakant, 620
Das er, weil er nie bittet, wieder nicht kriegt,
Tobt er, als ob er Schläge ins Gesicht kriegt.

CLITANDRE Indes Léon, zu dem heut jeder geht,
Gilt wohl mit Recht als Mann von Bonität.

CÉLIMÈNE Nur, das verdankt er einzig seiner Küche: 625
Statt seiner schätzt man deren Wohlgerüche.

ÉLIANTE   Er sorgt, daß man ganz köstlich bei ihm speist.

CÉLIMÈNE Trotzdem umgehe ich sein Haus zumeist,
Weil er selbst ein so elendes Gericht ist,
Daß man von seinen Tellern lieber nicht ißt. 630

PHILINTE Doch hat Damis, sein Onkel, wird gemeint,
Durchaus Format.

CÉLIMÈNE	Mit ihm bin ich gut Freund.

PHILINTE   Er urteilt klar und scharf, ich nenn ihn weise.

CÉLIMÈNE   Ja, wär die Weisheit nur ein bißchen leise!
　　　　　Mich bringt es auf, wie bitter er sich quält, 635
　　　　　Daß jedes Sätzchen ein Bonmot enthält –
　　　　　Seitdem ihm einfiel, geistreich sein zu müssen,
　　　　　Wird er an allen Dingen was vermissen:
　　　　　Das Schauspiel, das er ansieht oder liest,
　　　　　Findet er schlecht, bloß weil's von heute ist, 640
　　　　　Ein Schöngeist nämlich, glaubt er, darf nichts loben;
　　　　　So spreizt er sich und urteilt stets von oben,
　　　　　Und da ja nur ein Dummer lacht und staunt,
　　　　　Ist er von früh bis abends mißgelaunt;
　　　　　Schreibt jemand Verse, muß er sie bekritteln, 645
　　　　　Um seinen höheren Standpunkt zu vermitteln,
　　　　　Und mit verschränkten Armen blickt er dann
　　　　　Den Rest der Welt, uns arme Stümper, an.

ACASTE   Bei Gott! Sie wissen Menschen vorzuführen!

CLITANDRE Sie sind die Meisterin im Porträtieren! 650

ALCESTE   Fein, Herrn vom Hof, haun Sie nur tüchtig drauf!
　　　　　Anwärter für den Spott gibt es zuhauf!
　　　　　Doch käme Einer davon durch die Türe,
　　　　　Dann wäre alles, was dem widerführe,
　　　　　Daß Ihr süß lächelnd ihm entgegenschwebt 655
　　　　　Und links, rechts Küßchen auf die Wangen klebt.

CLITANDRE Da staune ich! Wenn es Sie juckt zu schelten,
　　　　　Kann ja allein Madame Ihr Vorwurf gelten!

ALCESTE   Nein, Euer schnöder Beifall ist gemeint!

	Er macht, daß es der sonst so Klugen scheint,	660
	Sie sollte ihr Talent zum Persiflieren	
	Zu immer neuen Höhenflügen führen,	
	Während, sobald sie keine Lacher kriegt,	
	Der Hang zum Spotten schwände und versiegt.	
	Folglich gilt eins bei leichtfertigem Reden:	665
	Man muß der Schmeichelei entgegentreten.	

PHILINTE Vielleicht; doch wozu sich für Leute wehrn,
          Die anders deines Tadels sicher wärn?

CÉLIMÈNE Darf man das denn dem Herrn Alceste verdenken?
          Soll er auf Durchschnitts Stimme sich beschränken   670
          Und seinem Widerspruchsgeist, den ihm ein
          Gott in die Wiege legte, abschwörn? Nein.
          Er muß stets die Kritik im Wappen führen,
          Wem beizupflichten würde ihn genieren,
          Ja, eher hätte ihn der Schlag ereilt,   675
          Als daß er eine fremde Ansicht teilt:
          Sein höchstes Glück ist, sich als Tadler sehen;
          So mag im Eifer des Gefechts geschehen,
          Daß selbst die eigene Meinung ihn empört,
          Wenn er sie aus dem Munde andrer hört.   680

          Acaste und Clitandre lachen.

ALCESTE   Man lacht, Madame! was bleibt da noch zu sagen?
          Ich seh mich karikiert, und bin geschlagen.

PHILINTE Doch ist ja wahr, daß es dir oft behagt
          Wen abzukanzeln, der ein Urteil wagt,
          Und du voll Weltverdruß, den du zur Schau trägst,   685
          Dann gleich die ganze Menschheit grün und blau
                                                       schlägst.

ALCESTE   Weil, Teufel auch, die Menschheit das verdient,

	Und sie Erkenntnis anders nicht gewinnt!
	Der Mensch im Rohzustand ist, schreibt ein Dichter,
	Lobhudler oder selbsternannter Richter. 690

CÉLIMÈNE   Nur –

ALCESTE   Nein, Madame, und träfe mich der Tod:
           Ich billige nicht diese Lust am Spott,
           Und jetzt und immer werde ich mich wehren,
           Durch Beifall Ihre Fehler noch zu mehren.

CLITANDRE Da war mein Irrtum aber riesengroß: 695
           Ich glaubte stets, Madame sei fehlerlos!

ACASTE   Wie Reiz und Anmut sich in ihr verbinden,
           Erkenn ich; Fehler kann ich keine finden.

ALCESTE   Ich aber seh sie, und benenn sie auch,
           Denn eines gilt, entgegen heutigem Brauch: 700
           Nie darf, wer liebt, dem liebsten Wesen zeigen
           Ein feiges und entschuldigendes Schweigen;
           Viel besser triebe man aus jedem Haus
           Die Schar der faden Süßholzraspler aus,
           Die, wenn sie unablässig applaudieren, 705
           Nur ihre Herzenskälte demonstrieren.

CÉLIMÈNE   Kurz, Herr Alceste, wenn es nach Ihnen geht,
           Soll, wer gut liebt, anstatt von früh bis spät
           Sich zarte Worte auszudenken, schimpfen,
           Um seiner Dame Tugend einzuimpfen. 710

ÉLIANTE   Das aber, glaub ich, liegt den meisten fern,
           Denn zeigen sich Verliebte nicht stets gern
           Ein innig wechselseitiges Entzücken,
           Wobei selbst Fehler sie durchaus beglücken?

　　　　　　Schon bei Lukrez* steht ja, wie wer, der liebt, 715
　　　　　　Nachteilen wohlklingende Namen gibt:
　　　　　　Die Bleiche nennt er lilienhaft ätherisch,
　　　　　　Die Flatterhafte zugänglich, doch ehrlich;
　　　　　　Die Magere ist gazellengleich und schlank,
　　　　　　Der Dicken eignet majestätischer Gang; 720
　　　　　　Auch heißt es zu der Ungepflegten Ehre,
　　　　　　Daß ihre Anmut fein verborgen wäre;
　　　　　　Die Zwergin gilt als Kunstwerk der Natur,
　　　　　　Die Übergroße hat, nun was? Statur,
　　　　　　Ältliche stehen in des Lebens Mitte, 725
　　　　　　Der Schurkin eignet Geist, dem Dummchen Güte,
　　　　　　Die hilflos schweigt, ist philosophisch tief,
　　　　　　Die Plaudertasche kommunikativ;
　　　　　　So kommt es, daß der Leidenschaft Ekstasen
　　　　　　Auch Fehler liebenswert erscheinen lassen. 730

　　　　　　Beifall von Philinte, Acaste, Clitandre und Célimène.

ALCESTE　　Indes –

CÉLIMÈNE　*steht auf*
　　　　　　　　Mag all das jetzt auf sich beruhn,
　　　　　　Und lassen Sie uns ein paar Schritte tun.

　　　　　　*Die anderen erheben sich gleichfalls; in der Annahme,
　　　　　　der Empfang sei beendet, greifen Clitandre und Acaste
　　　　　　nach ihren Hüten.*

　　　　　　Die Herren wollen gehn?

CLITANDRE, ACASTE *betrachten ihre Hüte*
　　　　　　　　　　　　　　　　Wir? Nein. Mitnichten.

　　　* Éliantes Monolog stammt aus einer Übertragung, die Molière
　　　　nach Versen und Prosa von Lukrez angefertigt hatte und
　　　　deren Manuskript er später verbrannte.

ALCESTE	Madame scheint sehr in Sorge, daß Sie flüchten;
	Gehn Sie getrost, von mir aus wie der Wind: 735
	Ich gehe nicht, bis Sie gegangen sind.
ACASTE	*legt seinen Hut wieder weg*
	Was mich betrifft, falls ich Madame nicht dränge,
	Hab kein Geschäft, das mich zum Aufbruch zwänge.
CLITANDRE	Ruft man mich zur Audienz beim König nicht,
	Bin ich bis abends ohne jede Pflicht. 740
	legt gleichfalls seinen Hut weg
CÉLIMÈNE	*zu Alceste:*
	Das ist zum Lachen, nein?
ALCESTE	Nein. Was geschehn muß
	Ist nun, daß Sie bestimmen, wer hier gehn muß.

SECHSTE SZENE
Alceste, Célimène, Éliante, Philinte,
Acaste, Clitandre, Basque

Herein Basque.

BASQUE	*zu Alceste:*
	Da ist ein Mann, der will Sie sprechen, Herr,
	Und daß es unaufschiebbar dringlich wär.
ALCESTE	Sagen Sie ihm, er muß sich da wohl irren. 745
BASQUE	Er trägt ne Uniform, die Hosen zieren
	Goldne Plissees.

CÉLIMÈNE *zu Alceste:*
>So hören Sie ihn an,
>Schon wegen des Kostüms.

SIEBENTE SZENE
*Alceste, Célimène, Éliante, Philinte,
Acaste, Clitandre, Basque, ein Offizier
vom Königlichen Gerichtshof*

In der Tür der Gerichtsoffizier.

ALCESTE *geht auf ihn zu*
>Was, mein Herr, kann
>Ich tun für Sie?

OFFIZIER Ich habe auszurichten
>Zwei Worte nur.

ALCESTE Folgen Sie Ihren Pflichten. 750

OFFIZIER Die Hohen Richter, deren Mund ich bin,
Befehlen Sie, Herr, zum Justizhof hin.

ALCESTE Mich?

OFFIZIER Sie, Herr, allerdings.

ALCESTE Und das weswegen?

PHILINTE *zu Alceste:*
Du mußtest dich ja mit Oronte anlegen!

CÉLIMÈNE Das heißt?

PHILINTE	Die beiden haben sich verzankt	755
	Um ein paar Verse; das Gericht verlangt,
	Denk ich, daß sie sich zum Vergleich bequemen.

ALCESTE   Ich habe nicht ein Wort zurückzunehmen!

PHILINTE   Doch bist du vorgeladen, und mußt hin.

ALCESTE   Und was denn hätte das für einen Sinn?   760
Soll etwa ein Justizbeschluß mich zwingen,
Mir einen feigen Fußfall abzuringen?
Mein Urteil steht, so wie ein Felsen, fest:
Oronte, er schreibt nicht gut!

PHILINTE   Mag sein, doch läßt –

ALCESTE   Und sein Sonett ist elend und verkommen!   765

PHILINTE   Du könntest ihm ein Stück entgegenkommen,
Und –

ALCESTE   Ganz vergebens!, denn kein Richter bringt
Mich davon ab –

PHILINTE   Gehn wir, eh man dich zwingt.

ALCESTE   Läßt nicht der König per Edikt verkünden,
Ich soll Orontes Verse köstlich finden,   770
Bleib ich beim Urteil, das nicht schwankt noch
                                      schwenkt:
Der sie gedichtet hat, gehört gehängt!

Acaste und Clitandre lachen.

Dank, Herrn vom Hof! ich durfte kaum vermuten,
Daß ich so witzig bin.

CÉLIMÈNE   Voran denn, sputen
       Sie sich, Alceste.

ALCESTE   Und in sehr kleiner Zeit
       Bringen wir hier zu Ende unsern Streit.

       Philinte mit Alceste und der Gerichtsoffizier ab.

ACTE TROISIÈME

SCÈNE PREMIÈRE
Clitandre. Acaste.

CLITANDRE Cher Marquis, je te vois l'âme bien saisfaite:
Toute chose t'égaye, et rien ne t'inquiète.
En bonne foi, crois-tu, sans t'éblouir les yeux,
Avoir de grands sujets de paraître joyeux? 780

ACASTE Parbleu! je ne vois pas, lorsque je m'examine,
Où prendre aucun sujet d'avoir l'âme chagrine.
J'ai du bien, je suis jeune, et sors d'une maison
Qui se peut dire noble avec quelque raison;
Et je crois, par le rang que me donne ma race, 785
Qu'il est fort peu d'emplois dont je ne sois en passe.
Pour le cœur, dont sur tout nous devons faire cas,
On sait, sans vanité, que je n'en manque pas,
Et l'on m'a vu pousser, dans le monde, une affaire
D'une assez vigoureuse et gaillarde manière. 790
Pour de l'esprit, j'en ai sans doute, et du bon goût
À juger sans étude et raisonner de tout,
À faire aux nouveautés, dont je suis idolâtre,
Figure de savant sur les bancs du théâtre,
Y décider en chef, et faire du fracas 795
À tous les beaux endroits qui méritent des has.
Je suis assez adroit; j'ai bon air, bonne mine,
Les dents belles surtout, et la taille fort fine.
Quant à se mettre bien, je crois, sans me flatter,
Qu'on serait mal venu de me le disputer. 800
Je me vois dans l'estime autant qu'on y puisse être,
Fort aimé du beau sexe, et bien auprès du maître.
Je crois qu'avec cela, mon cher Marquis, je crois
Qu'on peut, par tout pays, être content de soi.

DRITTER AKT

ERSTE SZENE
Clitandre, Acaste

CLITANDRE Ich finde, mein Marquis, dich bester Laune
Und rundum heiter, was ich sehr bestaune,
So daß ich frage: redest du dir ein,
Du hättest so viel Grund zum Fröhlichsein? 780

ACASTE Mein Gott! ich sehe nicht, wenn ich mich prüfe,
Daß irgendetwas mir zuwiderliefe:
Ich bin vermögend, jung, aus einem Haus,
Dessen uraltes Wappen mir durchaus
Die Türen öffnet, so daß, wie ich wette, 785
Kein Amt ist, auf das ich nicht Aussicht hätte;
An Tapferkeit, die flink den Degen führt,
Fehlt es mir nicht; bei Hofe wird goutiert,
Wie ich vertrackte Angelegenheiten
Oft regle unter Beifall aller Seiten; 790
Verstand hab ich genug, dazu Geschmack,
Um von den Stücken, die man heute mag,
Zu reden und am Abend im Theater
Gut dazustehn als kundiger Berater,
Indem ich zeige, wann man applaudiert 795
Und welch geschickter Wendung Lob gebührt;
Mein Aussehn ist passabel, ich erwähne
Speziell die Schlankheit und die schönen Zähne,
Und in betreff der Kleidung sieht man wohl,
Daß alles sitzt, wie's nach der Mode soll; 800
Ich finde mich geschätzt, und das nicht wenig,
Bei schönen Damen, dito auch beim König:
So glaub ich, ja ich glaube wirklich, mein
Marquis, ich darf mit mir zufrieden sein.

CLITANDRE	Geschenkt! doch weißt du so zu reüssieren,	805
	Wozu hier schmachten und die Zeit verlieren?	

ACASTE   Ich? großer Gott! Seit meiner Jugendzeit
Ist eins mir tief zuwider: Sprödigkeit;
Ein Durchschnittsmensch, der mag, krank vor Begehren,
Nach einer kalten Schönen sich verzehren, 810
Zu ihren Füßen seufzen und voll Gram
Abwarten, ob sie ihm entgegenkam,
Und dann sein Flehen sukzessive steigern,
Bis sie es müd wird, sich ihm zu verweigern;
Doch Leute meiner Wesensart, Marquis, 815
Sind dafür nicht geschaffen, weil wir nie
Vergessen, daß wir selber etwas wert sind
Und noch von andern Reizenden begehrt sind,
So daß, trag ich mich Einer ernsthaft an,
Sie sich getrost ein bißchen mühen kann 820
Und jedenfalls, daß Parität gewahrt bleibt,
Es mit dem Sprödtun besser nicht zu hart treibt.

CLITANDRE   So glaubst du demnach dich hier nah am Ziel?

ACASTE   Anderes zu glauben wäre nicht mein Stil.

CLITANDRE   Da würde ich dein Selbstgefühl gern schonen, 825
Doch sag ich dir, du machst dir Illusionen.

ACASTE   Wenn du es sagst, ist es vermutlich wahr.

CLITANDRE   Nur, was macht deine Zuversicht so klar?

ACASTE   Ich täusche mich.

CLITANDRE   Im Ernst, was läßt dich hoffen?

ACASTE	Nichts, ich bin blind.	
CLITANDRE	Nein, sag mir frei und offen –	830
ACASTE	Ich hege Illusionen!	
CLITANDRE	Hat vertraut Dir Célimène, sie säh sich gern als Braut?	
ACASTE	Sie sieht mich nicht mal an.	
CLITANDRE	Doch recht betrachtet –	
ACASTE	Behandelt sie mich schlecht.	
CLITANDRE	Desungeachtet, Was stimmt dich derart sicher, ohne Spott?	835
ACASTE	Du bist im Glück, ich bin der Idiot Und werde mich, in meiner Trübsal Fängen, Demnächst an einem Dachbalken erhängen.	
CLITANDRE	Uh! Gräßlich! Laß uns lieber künftig, mein Marquis, in diesem Punkte einig sein: Wenn einer von uns beiden kann erbringen Beweis, daß seine Liebesmühn gelingen, Dann tritt der andere sofort zurück Und gönnt dem Sieger klaglos dessen Glück.	840
ACASTE	Ha! Jetzt, Marquis, sprichst du aus meinem Geiste, Und gerne schwör ich, daß ich Folge leiste. Doch still!	845

ZWEITE SZENE
Clitandre, Acaste, Célimène

Herein Célimène.

CÉLIMÈNE Noch hier?

CLITANDRE Gott Amor hielt uns fest.

CÉLIMÈNE Mir schien, daß draußen sich was hören läßt
Wie Räderrollen. Wer –

DRITTE SZENE
Clitandre, Acaste, Célimène, Basque

Herein Basque.

BASQUE Besuch: Im vollen
Ornat Arsinoé.

CÉLIMÈNE Was kann die wollen? 850

BASQUE Éliante hält vorerst plaudernd sie zurück.

CÉLIMÈNE Vorerst; danach hab ich sie im Genick.

Basque ab.

ACASTE Sie gilt als sittenstreng und äußerst prüde,
Und ihre Glaubensbrunst –

CÉLIMÈNE Ist Attitüde.
Im Herzen fühlt sie weltlich, und probiert 855

Sich wen zu angeln, was nie zu was führt;
So muß sie immerfort mit scheelen Blicken
Dastehn, wenn andere einen Mann entzücken,
Und wie ein glühender Kessel unter Dampf
Ruft sie für die Moral zum Glaubenskampf   860
Und nennt, selbst reizlos, jede Liebe Sünde,
Als ob sie irgendwas davon verstünde;
Dabei wünscht sie sich bloß einen Galan
Und schmachtet selbst Alceste vergeblich an,
Und weil der um mich wirbt, wähnt ihre Seele,   865
Daß ich mit falschen Künsten ihn ihr stehle,
So daß sie mühsam ihre Eifersucht
Verbirgt, doch mich stets anzuschwärzen sucht
Und des altjüngferlichen Daseins Öde
Drapiert mit eifernd religiöser Rede;   870
Kurz, dumm wie Stroh, zerquält vom Liebes-Pech,
Haßt sie mich tief und wird dann auch noch frech.
Und –

VIERTE SZENE
Clitandre, Acaste, Célimène, Arsinoé

Herein Arsinoé.

CÉLIMÈNE   Oh, Madame! man sieht Sie hier so selten!
Ganz ehrlich sage ich, daß Sie mir fehlten.

ARSINOÉ   Sie freundschaftlich zu warnen kam ich her.   875

CÉLIMÈNE   Solch edle Sorge ehrt mich desto mehr.

Acaste und Clitandre lachend ab.

FÜNFTE SZENE
Célimène, Arsinoé

ARSINOÉ   Daß die Herrn gingen, kommt mir wie erbeten.

CÉLIMÈNE   Setzen wir uns?

ARSINOÉ   Nein, das ist nicht vonnöten.
Madame! bezeigte Freundschaft einzig flicht
Die Kränze, die im göttlich klaren Licht   880
Erkennen lassen die Bedeutsamkeiten,
Die uns in dieser Welt zum Bessern leiten,
Nämlich den wirklich eigentlichen Glanz
Der Tugendhaftigkeit und des Comments.
Erst gestern war's, daß in erlauchter Runde   885
Ich, Ihren Ruf betreffend, schlechte Kunde
Erhielt, und auf der Stelle Anstand nahm,
Daß nicht auch Lobendes zur Sprache kam:
Ihre tagtäglich allzu vielen Gäste
Und losen Reden, gleichfalls, meine Beste,   890
Ihr Kokettieren standen zur Kritik;
Wohl wies ich das, so gut es ging, zurück
Und mühte mich, Sie mit geschmeidigen
Klopffesten Argumenten zu verteidigen,
So etwa nannte ich Ihr reines Herz   895
Und Ihren jüngst erlittenen Witwenschmerz;
Gleichwohl, Madame, gibt Dinge es im Leben,
Angesichts derer Ihnen zu vergeben
Keineswegs leicht fällt, weil sie, leugne ich nicht,
Auf Sie werfen ein ungünstiges Licht,   900
So daß beständig allerlei Geschichten
Über Sie umgehn, welche zu berichten
Die bösen Zungen eifrig sind, und flugs

Der Vorwurf sich erhebt des Lugs und Trugs.
Nicht, daß ich sag, Madame, daß Ihre Ehre 905
Schon ganz dahin sei, was ja gräßlich wäre;
Doch wirkt oft schon des Lasters bloßer Schein,
Und wenig hilft, hält man sich selbst für rein.
Ich nehme Sie, Madame, für zu vernünftig,
Als daß Sie diesen meinen Rat nicht künftig 910
Beherzigen, wohl merkend, daß er frommt
Und jedenfalls aus gutem Willen kommt.

CÉLIMÈNE Nicht doch, Madame! ich bin zuinnerst dankbar
Für Ihre Darlegung, auch wenn sie lang war,
Weshalb ich mich, statt daß ich einfach schweig, 915
Mit einem Gegenrat erkenntlich zeig
Und, da Sie sich so liebenswert beeilen,
Mir, was man über mich schwatzt, mitzuteilen,
Frisch wiedergebe, klingt es auch gewagt,
Was man so in der Stadt von Ihnen sagt. 920
Erst kürzlich war's, als in höchst tadelsfreier
Runde zu eines Philosophen Feier
Man ernst besprach, wie wohl des Menschen Brust
Vereinen könne Sittsamkeit und Lust,
Wobei, vermutlich weil Sie jeder kannte, 925
Man Sie, doch leider nicht als Vorbild, nannte:
Ihr Übereifer, Ihre Prüderie,
Speziell die spitzen Schreie, welche Sie
Ausstoßen und dazu dramatisch zittern,
Wenn im Gespräch Sie Anstößiges wittern, 930
Ihr eitler Hochmut, der sich selbst genügt
Und sich zu säuerlichem Tadel fügt,
Mit dem Sie ungefragt jeden belehren
Und Unschuld in ihr Gegenteil verkehren:
All dies, wenn ich ganz offen reden darf, 935
Stand zur Kritik, und die war ziemlich scharf.
Wozu denn, hieß es, ihre scheinbar braven

Predigten, die sich selber Lügen strafen?
Wohl gibt Madame beim Beten nie Pardon,
Doch ihrer Köchin zahlt sie keinen Lohn; 940
Zwar geizt sie nicht mit nonnenhaften Winken,
Doch schönt sich selbst mit Pudern und mit Schminken,
Und wenn sie nackte Statuen verhängt,
Dann dort, wo es sie hinzusehen drängt.
Ich, das versteht sich, suchte mit diskreten 945
Aufrechten Worten für Sie einzutreten,
Doch blieb ich damit leider ganz allein,
Und man befand, es könnte hilfreich sein,
Wenn Sie, statt über andre herzuziehen,
Sich um ein bißchen Selbstergründung mühen, 950
Weil nur dem, der die eigne Schwäche kennt,
Zukomme, daß er Fremde sündig nennt,
Und man erst eines Menschen Lebensleistung
Würdigen soll, bevor man mit Erdreistung
Ihn abmahnt, und, hält man am Vorwurf fest, 955
Das besser einem Priester überläßt.
Ich nehme Sie, Madame, für zu vernünftig,
Als daß Sie diesen meinen Rat nicht künftig
Beherzigen, wohl merkend, daß er frommt
Und jedenfalls aus gutem Willen kommt. 960

ARSINOÉ Madame! was immer Sie auch trieb zu diesen
Tiraden, seh ich, meine Mühn erwiesen
Als Fehlschlag sich, und finde leider jetzt
In Ihrer tiefsten Seele Sie verletzt.

CÉLIMÈNE Im Gegenteil, Madame: Wären wir weise, 965
Könnten wir künftig eng vertraut und leise
Der Blindheit, darin wir befangen sind,
Entgegenwirken, so daß sich entspinnt
Ein Dialog, den wir kunstreich gestalten,
Indem wir auf dem letzten Stand uns halten 970

| | Hinsichtlich dessen, was, wann, wo und wie |
| | Wir hören, Sie von mir, ich über Sie. |

ARSINOÉ   Was soll, Madame, ich über Sie schon hören,
            Da alle sich bloß über mich beschweren!

CÉLIMÈNE   Tadeln, Madame, darf jeder jeden Tag, 975
            Und loben – ganz nach Jahren und Geschmack;
            Es gibt, vermut ich, eine Zeit fürs Lieben,
            Für später ist die Ehrbarkeit geblieben,
            Die aus Berechnung man ins Auge faßt,
            Sobald der Jugend Schmelz welkt und verblaßt 980
            Und wir, was uns an Anmut fehlt, kaschieren;
            Auch mir, Madame, kann das dereinst passieren,
            Doch ich bin zwanzig, und noch nicht bereit
            Zum Gang ins Altenheim der Ehrsamkeit.

ARSINOÉ   Ein schwacher Vorzug ist es, will mir scheinen, 985
            Dessen, Madame, Sie sich zu rühmen meinen:
            Daß jemand etwas älter ist als Sie,
            Rechtfertigt ja wohl kaum die Infamie,
            Mit der Sie aus ich weiß nicht welchen Zwängen
            Mich derart maßlos angehn und bedrängen. 990

CÉLIMÈNE   Und ich, Madame, weiß gleichfalls nicht, weshalb
            Sie mit mir reden wie mit einem Kalb:
            Bin ich denn schuld an Ihren Kümmernissen,
            Da Sie sich nachts allein behelfen müssen?
            Und wenn, wie es wohl ist, meine Person 995
            Verlangen wachruft, dessen Anschein schon
            Sie aufbringt, weil Sie mir nur Übles gönnen,
            Dann fassen Sie doch Mut, so gut Sie können,
            Und führen Ihre Reize frisch ins Feld –
            Ich will die Letzte sein, der das mißfällt. 1000

ARSINOÉ	Ach! Meinen Sie, es geht schwer rauszufinden,
	Womit Sie die Verehrer an sich binden,
	Und daß das heute, wie die Welt wohl weiß,
	Nur glückt um einen ganz bestimmten Preis?
	Kein Mensch ist ja so töricht, nicht zu sehen, 1005
	Wonach all diese Herren Schlange stehen
	Und daß, wer täglich Sie besuchen fährt,
	Sich keinesfalls in Züchtigkeit verzehrt –
	Auf Tugend, leider, läßt sich da nicht bauen
	Hier in Paris. Ich, Madame, kenne Frauen, 1010
	Von denen jede Reize bieten kann,
	Und dennoch naht sich ihnen kein Galan,
	Woraus klar folgt und will zu denken frommen,
	Daß man nichts kriegt ohne Entgegenkommen
	Und eines Mannes Zuwendung zum Schluß 1015
	Immer auch irgendwie erkauft sein muß.
	Mithin, Madame, Sie sollten sich nicht sonnen
	In Ihrer schwächlichen Triumphe Wonnen,
	Sondern die losen Reden, die Sie führn,
	Samt Ihrem Stolz ein bißchen korrigiern, 1020
	Weil nämlich, falls wir auf Sie Neid empfänden,
	Wir es sehr leicht wie alle machen könnten,
	Und, sind wir auch in derlei nicht geübt,
	Anbeter fänden, wenn es uns beliebt.
CÉLIMÈNE	Dann finden Sie die doch, und zeigen allen, 1025
	Mit welch geheimen Künsten Sie gefallen,
	Und –
ARSINOÉ	Nein, beenden das Gespräch wir jetzt,
	Es wird zu viel für Sie und mich zuletzt;
	Schon längst war Zeit, Ihnen Adieu zu sagen,
	Indes, ich warte noch auf meinen Wagen. 1030

CÉLIMÈNE Bleiben Sie hier, solang es Ihnen paßt,
Der eigene Wille nur zwingt Sie zur Hast;

In der Tür Alceste.

Doch um Sie nicht mit Floskeln zu ermüden,
Geh ich, und weiß viel Besseres zu bieten:
Der Herr, den grad ein Zufall hierher führt, 1035
Unterhält Sie gewiß, wie's sich gebührt.

SECHSTE SZENE
Célimène, Arsinoé, Alceste

Alceste, ich habe einen Brief zu schreiben,
Der lang ansteht und kann nicht unterbleiben;
So laß ich Sie, Madame wird mir verzeihn,
Ein paar Minuten nun mit ihr allein. 1040
ab

SIEBENTE SZENE
Arsinoé, Alceste

ARSINOÉ Sie sehn, sie will, ich soll Sie unterhalten,
Und gerne laß ich diesen Zufall walten –
Rein nichts auf dieser Welt, wie ich beschwör,
Wüßte ich, das mir angenehmer wär.
Es ist ja so: Menschen von hoher Artung 1045
Erwecken Liebe sowohl wie Erwartung:
Geheimer Zauber geht von ihnen aus,
Der uns bestrickt und dringt ins Herz durchaus.
Sehr wünschte ich, daß man dies merken wollte
Bei Hof, und Ihnen Anerkennung zollte 1050
Nach Fug und Brauch; wirklich, mir kocht das Blut,
Befind ich, daß man dort nichts für Sie tut.

ALCESTE	Worauf, Madame, sollte man sich da stützen?
	Wann jemals durfte ich dem Staate nützen
	Und hätte so Verdienstliches getan,	1055
	Daß ich mich ungewürdigt fühlen kann?

ARSINOÉ Von vielen, die bei Hofe etwas gelten,
Gibt es auch nichts Besonderes zu melden:
Erst braucht es Geltung und Gelegenheit,
Dann kommen die Verdienste mit der Zeit, 1060
Und Sie –

ALCESTE Mein Gott! Was wären das für Lasten,
Wenn Höfe mit der Zukunft sich befaßten!
Der Aufwand wäre groß, und es wird spät,
Bis man, was Einer leisten kann, errät.

ARSINOÉ Nein! echtes Könnertum strahlt von alleine, 1065
Und gleich beweist ein Beispiel, was ich meine:
Sie wurden gestern zweimal, ist das nichts,
Gelobt von Herren höheren Gewichts.

ALCESTE Gelobt, Madame, wird heutzutage jeder:
Erst regnets Lob, danach zieht man vom Leder; 1070
Und weil es das Jahrhundert mit sich bringt,
Daß täglich jemand wessen Loblied singt,
Steht, so vermut ich, ohne Vorbereitung
Demnächst mein Kammerdiener in der Zeitung.

ARSINOÉ Aber Sie sind ein so begabter Mann! 1075
Streben Sie einen Dienst bei Hofe an!
Sie brauchen weiter nichts als Ja zu sagen,
Dann würde ich die Sache weitertragen,
Und wie von selber, sei's direkt, sei's schräg,
Bahnt Fürsprache nach oben Ihren Weg. 1080

ALCESTE   Und welche Künste darf ich dann entfalten?
          Mein Geist rät mir, mich von dort fernzuhalten!
          Der Himmel hat mich einmal nicht versehn
          Mit Gaben, die bei Hof zu brauchen gehn:
          Kein Zipfelchen von meinen Seelenkräften   1085
          Taugte zu diplomatischen Geschäften –
          Offen und grade sein ist mein Talent
          Statt jenes Spiels, das man politisch nennt.
          So, wer es haßt, den Mund sich zu verbieten,
          Sollte sich vor der Luft an Höfen hüten: 1090
          Zwar leistet er auf Geld und Ruhm Verzicht,
          Doch lebt er frei und ohne Dankespflicht
          Und kann zu seinem Segen sich verschonen
          Vom Umgang mit höchst lästigen Personen;
          Er muß nicht lächeln, falls ihn jemand kränkt, 1095
          Und braucht kein Weihrauchfäßchen, das er schwenkt,
          Wenn Titelträger schlechte Verse dichten;
          Kurz, er muß sich nicht nach Idioten richten.

ARSINOÉ   So mag denn dieser Punkt auf sich beruhn;
          Doch brennt mir auf den Lippen, kundzutun   1100
          Ihnen ein Wort bezüglich Ihrer Liebe,
          Das andernfalls durchaus verschwiegen bliebe,
          Indes mich rührt Ihr unglückliches Los:
          Die Sie verehren, sie verlacht Sie bloß.

ALCESTE   Und wäre nicht Verschwiegenheit vonnöten,   1105
          Da Sie, Madame, von Ihrer Freundin reden?

ARSINOÉ   Gewiß. Aber mich überkommt die Wut,
          Bemerk ich, wie man Ihnen Unrecht tut,
          Und die Verstrickung, in der ich Sie finde,
          Sagt mir, hier wäre jedes Schweigen Sünde.   1110

ALCESTE	Ihr Zartgefühl, Madame, verpflichtet sehr,
	Nur wiegen solche Andeutungen schwer.
ARSINOÉ	Ja. Eben weil ich meine Freundin kenne,
	Gehört sich, daß ich sie unredlich nenne,
	Denn was sie Ihnen zeigt, ist Trug und Schein.
ALCESTE	Vielleicht, man sieht ja in kein Herz hinein;
	Doch sollten Sie sich mitleidsvoll bedenken,
	Eh Sie Mißtraun in meine Seele senken.
ARSINOÉ	Wenn Sie auf Ihren Täuschungen bestehn,
	Schweige ich einfach fortan, gut und schön.
ALCESTE	Nein nein! indes bei derlei Gegenständen
	Hat es mit Halbheiten nicht sein Bewenden,
	Und man erwartet, sei es laut, sei's leis,
	Zur bloßen Andeutung auch den Beweis.
ARSINOÉ	Gut denn! so mögen Klar- und Wahrheit walten:
	Was Sie verlangen, sollen Sie erhalten,
	Doch, da mein Wagen kommt, nicht jetzt und hier –
	Geben Sie mir die Hand, fahrn wir zu mir;
	Dort werden Sie mit eignen Augen sehen,
	Was Sie bislang sich weigern zu verstehen,
	Und, falls Ihr Herz für andere brennen kann,
	Noch etwas, das Sie vielleicht trösten kann.

Beide ab.

ACTE QUATRIÈME

SCÈNE PREMIÈRE
Philinte. Éliante

PHILINTE Non, l'on n'a point vu d'âme à manier si dure,
Ni d'accommodement plus pénible à conclure:
En vain de tous côtés on l'a voulu tourner, 1135
Hors de son sentiment on n'a pu l'entraîner;
Et jamais différend si bizarre, je pense,
N'avait de ces messieurs occupé la prudence.
»Non, Messieurs, disait-il, je ne me dédis point,
Et tomberai d'accord de tout, hors de ce point. 1140
De quoi s'offense-t-il? et que veut-il me dire?
Y va-t-il de sa gloire à ne pas bien écrire?
Que lui fait mon avis, qu'il a pris de travers?
On peut être honnête homme et faire mal des vers:
Ce n'est point à l'honneur que touchent ces matières; 1145
Je le tiens galant homme en toutes les manières,
Homme de qualité, de mérite et de cœur,
Tout ce qu'il vous plaira, mais fort méchant auteur.
Je louerai, si l'on veut, son train et sa dépense,
Son adresse à cheval, aux armes, à la danse; 1150
Mais pour louer ses vers, je suis son serviteur;
Et lorsque d'en mieux faire on n'a pas le bonheur,
On ne doit de rimer avoir aucune envie,
Qu'on n'y soit condamné sur peine de la vie.«
Enfin toute la grâce et l'accommodement 1155
Où s'est, avec effort, plié son sentiment,
C'est de dire, croyant adoucir bien son style:
»Monsieur, je suis fâché d'être si difficile,
Et pour l'amour de vous, je voudrais, de bon cœur,
Avoir trouvé tantôt votre sonnet meilleur.« 1160
Et dans une embrassade, on leur a, pour conclure,
Fait vite envelopper toute la procédure.

VIERTER AKT

ERSTE SZENE
Philinte, Éliante

PHILINTE Kein Mensch je hat sich als so stur erwiesen,
Und nie war ein Vergleich so schwer zu schließen –
Inständig reden alle auf ihn ein, 1135
Doch er bleibt unbeirrt bei seinem Nein.
Wann jemals warn mit so bizarrem Streiten
Die Herrn befaßt, die das Justizamt leiten!
»Wiewohl sich manches zugestehen lässt«,
Sagt er, »halte ich an dem Hauptpunkt fest. 1140
Was will Oronte denn? Wird sein Ruf geschädigt,
Wenn man, daß er Talent hat, nicht bestätigt?
Und wieso ficht ihn meine Meinung an?
Auch der schlecht dichtet, bleibt ein Ehrenmann.
Und überhaupt geht es hier nicht um Ehre, 1145
Die ihm womöglich abzuschneiden wäre –
Oronte, er ist ein Mann von Wert und Mut
Und hat Manieren, nur er reimt nicht gut.
Ich lobe seine Fechtkunst, seine Schuhe,
Seine Vorfahren, seine Seelenruhe, 1150
Doch seine Verse loben ist zu viel:
Hat nämlich Einer keinen Dunst von Stil,
Soll er die Lust am Schreiben sich verwehren,
Es sei, er müßte sich davon ernähren.«
Das größte Zugeständnis, daß er bot, 1155
War, und er wand sich schier in seiner Not
Und hielt die Formulierung noch für milde:
»Es tut mir leid, daß ich, nicht ganz im Bilde,
Übertriebenen Anspruch walten ließ,
Als der Marquis mir sein Sonett vorwies.« 1160
Am Ende mußten sich die zwei umarmen
Und man ging heim; es war zum Gotterbarmen.

ÉLIANTE	Alcestes Art ist wohl recht singulär,
	Als ob sie aus ganz fremden Zeiten wär –
	Der strikte Mut, der seiner Seele eignet, 1165
	Hat etwas Edles, das sich nie verleugnet,
	Und stünde heutzutage manchem an,
	Der sich nur meinungslos behelfen kann.
PHILINTE	Was ich an ihm, dem alten Freund, bestaune,
	Ist seine gleichsam jünglingshafte Laune 1170
	In puncto Liebe, da doch alle Welt
	Schon wähnte, daß ihm nie ein Weib gefällt;
	Nur frag ich mich, wieso, beim Herrn der Welten,
	Seine Wünsche Ihrer Cousine gelten?
ÉLIANTE	Man sieht daran, daß Liebe eigen ist 1175
	Und selten nur aus Gleichgestimmtheit fließt,
	Denn eben die Unähnlichkeit der Seelen
	Verlockt uns oft, einander zu erwählen.
PHILINTE	So glauben Sie, daß Célimène ihn liebt?
ÉLIANTE	Das ist ein Punkt, der viel zu rätseln gibt. 1180
	Wie ahnt man denn, ob zwei sich lieben müssen,
	Wo sie es meistenteils ja selbst nicht wissen?
	So mancher liebt, obwohl er es nicht meint,
	Und mancher glaubt es, dem es nur so scheint.
PHILINTE	Mich dünkt, daß unser Freund bei der Cousine 1185
	Mehr Kummer fände, als ihm möglich schiene,
	Und fühlte er wie ich, ehrlich zu sein,
	Schlüge er eine andere Richtung ein,
	Und all die Güte, die Sie ihm stets zeigen,
	Bewög ihn, sich auch Ihnen zuzuneigen. 1190

ÉLIANTE	Ich rede um die Sache nicht herum,
	Denn da etwas verbergen wäre dumm.
	Mir ist allein an seinem Glück gelegen,
	Und nicht im Traum stell ich mich dem entgegen –
	So, ob mein Herz dabei vielleicht auch weint, 1195
	Säh ich ihn gern mit Célimène vereint.
	Doch wenn, was keiner wissen kann am Ende,
	Seine Liebe ein schlimmes Schicksal fände,
	Würde ich ihn, das kann ich freiweg schwörn,
	Ganz ohne Zögern meinerseits erhörn, 1200
	Und daß er ein Zurückgewiesener wäre,
	Kränkte mich keinesfalls in meiner Ehre.

PHILINTE   Und gradso stünde ich auch nicht im Weg,
           Wofern er Ihren Reizen dann erläg –
           Er selber könnte, wolln Sie ihn befragen,   1205
           Was ich ihm dazu vorgestellt hab, sagen.
           Doch wenn – aus Freundschaft wünsche ich es nicht –
           Ihn doch ein Band mit Célimène verflicht,
           Würde ich frei mich um die Gunst bemühen,
           Die Sie mir seinetwegen noch entziehen,   1210
           Und säh mich als den Glücklichsten der Welt,
           Geschäh es, daß Ihr Herz auf mich verfällt.

ÉLIANTE   Nun scherzen Sie, Philinte.

PHILINTE   Das sei mir ferne:
           Unter dem Auf- und Niedergang der Sterne
           Suche ich schon seit mehr als einem Jahr   1215
           Gelegenheit, daß ich mich offenbar.

ZWEITE SZENE
Philinte, Éliante, Alceste

Herein Alceste.

ALCESTE Ha! nennen Sie, mein Fräulein, mir die Gründe,
Aus denen ich mich hingemeuchelt finde!

ÉLIANTE Was ficht Sie an? Und bringt Sie derart auf?

ALCESTE Beendete die Sonne ihren Lauf   1220
Am Firmament, würde der Kosmos wettern,
Könnte dies alles mich nicht so zerschmettern
Wie… Nein, ich schweige, denn es ist zu viel.

ÉLIANTE Nun wahren Sie doch wieder Ihren Stil.

ALCESTE Gerechter Himmel! Kann denn so viel Anmut   1225
Die Schmach ersinnen, die sie mir jetzt antut?

ÉLIANTE Noch einmal: Was –

ALCESTE Ich bin zerstört und hin
Und nichts in meinem Leben hat mehr Sinn.
Sie, Célimène! – vermag man es zu fassen –
Bricht mir die Treue und hat mich verlassen!   1230

ÉLIANTE Und was denn wäre dafür der Beweis?

PHILINTE Vielleicht ein Mißklang, ein Verdacht, der leis
Sich aufdrängt, und erweist sich als Chimäre!

ALCESTE Du schweig, denn deine Tröstung zielt ins Leere.

| | *zu Éliante, indem er auf seine Rocktasche klopft:* |
| | Hier der Beweis, der sich erst heute fand: 1235
| | Es ist ein Brief von ihrer eignen Hand,
| | Gerichtet an Oronte, darin sie darlegt
| | Ihr Glühn für ihn, und mein Verschmähtsein klarlegt.
| | Oronte! der mir doch, arglos wie ich bin,
| | Der nichtigste meiner Rivalen schien! 1240

PHILINTE Ein Brief kann täuschen und was andres meinen,
Als wir beim ersten Blick zu lesen scheinen.

ALCESTE Du spar dir, wiederhol ich, dein Gewäsch,
Und scher dich nicht um andrer Leute Pech.

ÉLIANTE So sänftigen Sie sich: In den Bezirken – 1245

ALCESTE Sie können meine Sänftigung bewirken,
Denn einzig Sie sind mir noch Zuflucht jetzt,
Da mich Verrat im Innersten verletzt –
Rächen Sie mich an jener Undankbaren,
Deren Schwüre nur Lug und Täuschung waren, 1250
Und derlei läßt man nicht auf sich beruhn.

ÉLIANTE Ich soll Sie rächen? Wie?

ALCESTE   Indem Sie nun
In meinem Herzen jenen Platz einnehmen,
Der ihr gehörte, und mein Leiden zähmen:
Dann wäre unser Bund das Strafgericht 1255
Für die Treulose, und in neuem Licht
Kann Ihnen ich mit all den Kräften dienen,
Die einstmals Célimène zu gelten schienen.

ÉLIANTE Ich sehe, was Sie quält, mit klarem Blick,
Und keineswegs weis ich Ihr Herz zurück; 1260

                Nur ist vielleicht geringer als Sie denken
                Das Elend, darein Sie sich jetzt versenken,
                Und was zu wilden Racheplänen führt,
                Hat sich schon übermorgen annulliert.
                Das kennt man ja: ein Liebender sucht Gründe   1265
                Für seiner Liebsten angebliche Sünde,
                Doch dann schwinden die Gründe wie ein Rauch,
                Und all die Seelenqual verschwindet auch.

ALCESTE   Nein, nein und nein. Zu tödlich ist die Kränkung
                Und heilbar nicht durch Wegsehn noch Verrenkung,   1270
                Ja schändlich wäre, wenn, was mich bewegt,
                Sich gleichsam durch Verjährung wieder legt.

                In der Tür Célimène.

                Da kommt sie. Und mein Zorn, wenn ich sie sehe,
                Wächst ungemessen an in ihrer Nähe:
                Er reinige die Luft! danach und dann   1275
                Trag ich Ihnen mein Herz von neuem an.

                Éliante und Philinte ab.

                ## DRITTE SZENE
                Alceste, Célimène

ALCESTE   *für sich:*
                Götter! wie soll ich das Gespräch jetzt führen?

CÉLIMÈNE   *für sich:*
                O weh.
                zu Alceste:
                            Was sind, mein Freund, das für Allüren?
                Was solln die Seufzer, was der düstere Blick?
                Der Auftritt hat doch wirklich keinen Chic.   1280

ALCESTE   Es geht, Madame, hier nicht um Schicklichkeiten,
           Sondern um Schande, die Sie mir bereiten,
           Weil die Natur, ja selbst die Hölle, nie
           Verderbteres gebaren als grad Sie.

CÉLIMÈNE   Das sind die zarten Worte, die ich suche.   1285

ALCESTE   Ihr Scherz, Madame, schlägt keinesfalls zu Buche,
           Da die Erkenntnis mir das Herz verbrennt:
           Ihren Verrat bezeugt ein Dokument.
           zieht ein Schriftstück aus seiner Rocktasche
           Hier der Beweis für die Gegebenheiten,
           Die Sie sich lange mühten zu bestreiten –   1290
           Sie haben meinen Argwohn dumm genannt,
           Als mir mein Schicksal schon vor Augen stand,
           Und mit Gewandtheit und mit Tricksereien
           Dinge geleugnet, die zum Himmel schreien;
           Doch glauben Sie nur nicht, daß rachelos   1295
           Die Tücke bleibt, die sich mir nun erschloß.
           Wohl weiß ich, man kann Neigung nicht erzwingen
           Und Seelenkälte nicht zum Glühen bringen,
           Weil Drängen in der Liebe niemals zählt,
           Und jedes Herz seinen Bezwinger wählt;   1300
           So dürfte ich mich keinesfalls beschweren,
           Wenn Sie nur aufrichtig gewesen wären,
           Und ein deutliches Nein mich klipp und klar
           Erfahren ließ, was mir beschieden war.
           Doch meinen Wünschen scheinbar nachzugeben,   1305
           Das war Verrat, und nie solln Sie erleben
           Dafür Dispens, sondern Bestrafung muß
           Solchem Vergehen folgen auf dem Fuß.
           Mithin will meinen Zorn ich auch nicht zügeln,
           Da Ihre Bosheiten ihn nur beflügeln,   1310
           Ja, wie vom Tod getroffen durch den Schlag,
           Ist nichts, was mein Verstand noch hören mag,

| | Und was auch immer Sie im Munde führen,
             Ich kann für mich nicht länger garantieren.

CÉLIMÈNE   Nur ist der Grund des Zorns mir unbekannt – 1315
            Verloren Sie womöglich den Verstand?

ALCESTE   Ja, ich verlor ihn, als ich einst mein Leben
            Ganz Ihren Reizen hab anheimgegeben:
            Dem Gift des Liebestranks hab ich vertraut!
            Doch dieser Glaube war auf Sand gebaut. 1320

CÉLIMÈNE   Und womit hätte ich Sie nun verraten?

ALCESTE   Wie? leugnen Sie noch Ihre eignen Taten?
            Steht etwa nicht die Kränkung, die mich trifft,
            Hier schwarz auf weiß? Erkennen Sie die Schrift?
            Dies Blatt hier reicht, um Sie zu überführen, 1325
            So daß kein Schöntun hilft und kein Fintieren.

CÉLIMÈNE   Der Zettel ist's, der Ihren Geist verwirrt?

ALCESTE   Was Sie nicht einmal zum Erröten führt!

CÉLIMÈNE   Warum, beim Himmel, sollte ich erröten?

ALCESTE   Wenn Sie nicht auch noch Störrischkeit aufböten! 1330
            Ist's, weil die Unterschrift darunter fehlt?

CÉLIMÈNE   Das ist ein Mangel, der wohl wenig zählt.

ALCESTE   So müßte Reue sich in Ihnen regen,
            Indes, Sie werden nicht einmal verlegen!

CÉLIMÈNE   Sie sind, mein Freund, ja wirklich überspannt. 1335

ALCESTE	Und Sie, Sie trotzen einfach kurzerhand!
	Daß Sie Oronte zärtliche Worte schenken,
	Wär einerlei und dürfte mich nicht kränken?

CÉLIMÈNE   Oronte? Wer sagt, das Briefchen ist für ihn?

ALCESTE   Die es mir gaben, wußten um den Sinn. 1340
           Doch wär es an wen anderen gerichtet,
           Sähe ich mich dann weniger vernichtet
           Und läs vielleicht die Worte ungenau?

CÉLIMÈNE   Doch gälten diese Worte einer Frau,
           Könnten sie Sie ja keinesfalls verletzen. 1345

ALCESTE   Ach, damit wolln Sie mich ins Unrecht setzen?
           Auf diesen Schachzug war ich nicht gefaßt.
           Sie wagen, unter der Beweise Last,
           Wähnend, ich würde das nicht gleich durchschauen,
           Ein hohles Truggebäude aufzubauen, 1350
           Das sich auf eine plumpe Lüge stützt?
           Wir werden sehen, ob das Ihnen nützt.
           Wollen Sie also bitteschön erklären,
           Wie Zeilen einem Weib gewidmet wären,
           Die man nur als Geständnis deuten kann? 1355
           Zum Beispiel dies:
           will aus dem Brief vorlesen

CÉLIMENE   *schiebt den Brief beiseite*
                          Ich denke nicht daran
           Und finde lächerlich, daß Sie es wagen,
           Mir so viel Unsinn ins Gesicht zu sagen.

ALCESTE   Nein, bleiben Sie ganz ruhig, und liefern mir
           Den Schlüssel für die Liebesbotschaft hier. 1360
           will wiederum vorlesen

CÉLIMÈNE Das werd ich lassen, auch wenn der Tag lang ist,
Weil, was Sie glauben, gar nicht von Belang ist.
nimmt den Brief an sich

ALCESTE Ich bin nur von dem Wunsch zu hörn erfüllt,
Wieso dies Schreiben einer Dame gilt.

CÉLIMÈNE Nein, es ist für Oronte, und niemand weiter 1365
Stimmte mein Herz je so gelöst und heiter –
Ich schätze, was er sagt, und wie er denkt,
Und lieb die Seufzer, welche er mir schenkt;
Sein Sie besorgt, sich das fest einzuschärfen,
Und gehn mir fortan nicht mehr auf die Nerven. 1370
legt den Brief auf ein Wandbord

ALCESTE *für sich:*
Himmel! ist dies denn wirklich und kein Scherz?
Folterte je so grausam wer ein Herz?
Wann hätte derlei als Comment gegolten:
Man zürnt, und wird dann wie ein Kind gescholten,
Weil bis aufs Äußerste meinen Verdacht 1375
Sie schärft, und mich am Ende noch verlacht!
Und trotzdem, ach, ist mein Gemüt zu feige,
Den bittern Kelch zu leeren bis zur Neige,
Indem es frei sich im Vergessen übt
Einer Person, die es noch immer liebt. 1380
zu Célimène:
Ja! das verstehn Sie, Treulose und Freche,
Sich zu bedienen meiner großen Schwäche
Und auszunutzen jenen Überschwang,
Mit dem Ihr Bild in meine Seele drang;
Versuchen Sie sich wenigstens zu wehren, 1385
Indem Sie die Belege wegerklären,
Und trumpfen nicht noch auf mit Ihrer Schuld –
Dann gönnten Sie mir immerhin die Huld,

          Sich treu zu sein, statt mir den Halt zu rauben,
          Und ich kann neu an Ihre Treue glauben. 1390

CÉLIMÈNE Die Treue, die Sie fordern wie ein Kind,
          Und die ich üb, ist durchaus unverdient,
          Da Sie mit Ihren Eifersuchtsanfällen
          Ja all mein Innerstes in Frage stellen!
          Was zwänge mich, falls mich mein Herz bewög 1395
          Und mich zu einem andern Manne zög,
          Zu irgendwelcher falschen Gunstbezeigung?
          Spricht nicht allein die Dauer meiner Neigung
          Mich frei von jedem möglichen Verdacht,
          Der Sie behext und unausstehlich macht? 1400
          Ich müßte Ihre Stimme gräßlich finden,
          Denn wie muß nicht ein Weib sich überwinden,
          Bevor sie ihre Liebe eingesteht,
          Weil das ja gegen ihre Ehre geht,
          Die stets ein Feind des Fühlens und der Lust ist – 1405
          Daß doch ein Mann sich dessen nicht bewußt ist
          Und blanke Ichsucht ihn zum Zweifel treibt,
          Wo überhaupt nichts zu bezweifeln bleibt!
          Mithin, ich sollte Abscheu für Sie hegen
          Und nie mehr Wert auf Ihre Nähe legen, 1410
          Wär nicht mein Herz durch Einfalt fehlgelenkt,
          So daß es nach wie vor an Ihnen hängt
          Und zögert, mich durch Handlungen zu retten,
          Die Ihnen ernsthaft Grund zur Klage böten.

ALCESTE   Ich sehe, mein Gefühl ist Ihnen fremd, 1415
          Und Torheit ist's, die mich zu fliehen hemmt;
          Doch muß ich mich in mein Geschick ergeben
          Und widme Ihnen fernerhin mein Leben,
          Um zu ergründen, wie es um Sie steht,
          Und ob Ihr schwarzes Herz mich nicht verrät. 1420

CÉLIMÈNE Sie lieben mich nicht, wie man lieben müßte.

ALCESTE Wenn doch Ihr kluger Kopf zu merken wüßte,
Welch starkes Liebesfeuer in mir brennt
Und einzig Segenswünsche für Sie kennt:
Nie, wünscht ich, sollte jemand Sie begehren, 1425
Während Sie sich in Kerkerhaft verzehren,
Die weder Herkunft noch Vermögen ziert,
Bis ich so selbstlos, wie es sich gebührt,
Sie dieser Ungerechtigkeit entrisse
Und Ihnen einen Weg ins Freie wiese, 1430
Und hätten derart Sie Ihr Glück erlangt,
Wär einzig meiner Liebe es verdankt.

CÉLIMÈNE Ihr Wunsch ergeht sich in recht krausem Stile –
Verhüte Gott, daß er sich je erfülle.

In der Tür Dubois, beladen mit Hausrat und Gepäckstücken.

Da kommt Dubois, mit merkwürdiger Last. 1435

VIERTE SZENE
Alceste, Célimène, Dubois

ALCESTE Das ist ein Aufzug, der nicht hierher paßt.
Was bringst du?

DUBOIS Herr –

ALCESTE Nun, was?

DUBOIS Die Last der Zeiten.

ALCESTE Das heißt?

DUBOIS   Wir haben Unannehmlichkeiten.

ALCESTE   Wir?

DUBOIS   Darf ich reden?

ALCESTE   Aber bitte prompt!

DUBOIS   Lauscht da nicht wer?

ALCESTE   Erkläre dich, sonst kommt,   1440
            Was ich –

DUBOIS   Wir müssen, Herr, die Mücke machen.

ALCESTE   Hä?

DUBOIS   Abhaun, Herr, mit allen Siebensachen.

ALCESTE   Der Grund?

DUBOIS   Ich sage, raus aus dieser Stadt.

ALCESTE   Warum?

DUBOIS   Weil man Sie angemeiert hat.

ALCESTE   Was läßt dich derlei Narrenreden führen?   1445

DUBOIS   Herr, daß es gilt, sich zu verdünnisieren.

ALCESTE   Du kriegst den Stock, Kerl, ohne Gnadenfrist,
            Bringst du nicht endlich vor, was Sache ist.

DUBOIS   Ein schwarzer Mann – mit Leichenbittermiene –

	Betrat Ihr Haus – als ob's ihm seines schiene –	1450
	Und legte in der Küche auf den Tisch
	Einen ganz gräßlich vollgeklierten Wisch;
	Den Inhalt kann der Teufel nicht verstehen,
	Doch scheint es um Ihren Prozeß zu gehen.

ALCESTE   Na schön. Und was hat dieses Schriftstück nun   1455
          Mit unserm Abgang aus der Stadt zu tun?

DUBOIS   Das sag ich jetzt. Denn wenig später eilte
          Ein Herr, der oft zu Gast bei Ihnen weilte,
          Herein, weil er Sie dringend sprechen muß,
          Und da er Sie nicht trifft, trägt er zum Schluß   1460
          Mir auf, daß ich, behufs Entgegennahme
          Der Nachricht, die… Wie war doch gleich sein Name?

ALCESTE   Und welche Nachricht, sagst du das vielleicht?

DUBOIS   Also ein Freund von Ihnen, gut, das reicht.
          Er sagt, daß man in Beugehaft Sie bringe   1465
          Und über Ihnen der Damokles hinge.

ALCESTE   Und sagte er nichts weiteres zu dir?

DUBOIS   Nein nein, er fordert Tinte und Papier
          Und hat die Dinge, die zu sagen blieben,
          In größter Eiligkeit als Brief geschrieben.   1470

ALCESTE   Dann her damit.

CÉLIMÈNE   Was mag wohl darin stehn?

ALCESTE   Ich weiß es nicht, wir werden es ja sehn.
          Ob du den Brief gibst? Es ist nicht zu fassen.

DUBOIS   *nachdem er lange nach dem Brief gesucht hat*
               Ich hab ihn in der Küche liegenlassen.

ALCESTE   Ich könnte dich –

CÉLIMÈNE   Sein Sie jetzt nicht erregt   1475
               Und schaun daheim, daß sich der Wirrwarr legt.

ALCESTE   Es scheint, das Schicksal, wie in alten Bildern,
               Hindert mich all mein Fühlen klar zu schildern,
               Doch bitte ich, damit das bald gescheh,
               Daß ich Sie noch vor Abend wiederseh.   1480
               rasch ab

               *Dubois, nachdem er seine Utensilien zusammengerafft hat,
               gleichfalls ab.*

ACTE CINQUIÈME

SCÈNE PREMIÈRE
Alceste, Philinte

ALCESTE La résolution en est prise, vous dis-je.

PHILINTE Mais, quel que soit ce coup, faut-il qu'il vous oblige…?

ALCESTE Non: vous avez beau faire et beau me raisonner,
Rien de ce que je dis ne me peut détourner:
Trop de perversité règne au siècle où nous sommes, 1485
Et je veux me tirer du commerce des hommes.
Quoi? contre ma partie on voit tout à la fois
L'honneur, la probité, la pudeur, et les lois;
On publie en tous lieux l'équité de ma cause;
Sur la foi de mon droit mon âme se repose: 1490
Cependant je me vois trompé par le succès,
J'ai pour moi la justice, et je perds mon procès!
Un traître, don't on sait la scandaleuse histoire,
Est sorti triumphant d'une fausseté noire!
Toute la bonne foi cede à sa trahison! 1495
Il trouve, en m'égorgeant, moyen d'avoir raison!
Le poids de sa grimace, où brille l'artifice,
Renverse le bon droit, et tourne la justice!
Il fait par un arrêt couronner son forfait!
Et non content encor du tort que l'on me fait, 1500
Il court parmi le monde un livre abominable,
Et de qui la lecture est même condamnable,
Un livre à mériter la dernière rigueur,
Dont le fourbe a le front de me faire l'auteur!
Et là-dessus, on voit Oronte qui murmure, 1505
Et tâche méchamment d'appuyer l'imposture!
Lui, qui d'un honnête homme à la cour tient le rang,
À qui je n'ai rien fait qu'être sincère et franc,

FÜNFTER AKT

ERSTE SZENE
Alceste. Philinte

ALCESTE Nein, mein Entschluß ist fest und unverrücklich.

PHILINTE Auch Festigkeit macht uns nicht immer glücklich.

ALCESTE Was du so geistreich einzuwenden hast,
Ist leeres Stroh und mir nur eine Last –
Taugt eine Ordnung nicht, darin zu leben, 1485
Werd ich mich füglich aus ihr wegbegeben.
Ha! da spricht alles gegen meinen Feind,
Der in sich Niedertracht und List vereint,
Und Redlichkeit begründet meine Sache,
Die ich den Herren Richtern geltend mache, 1490
Doch gab mir mein Naivsein schlechten Rat,
Denn ich bin es, den man verurteilt hat,
Während ein Schuft, der überall bekannt ist,
Qua Spruch zum Unbescholtenen ernannt ist,
So daß Gerechtigkeit der Lüge weicht 1495
Und die Justitia einer Dirne gleicht,
Die durch Fintieren und durch Wortverbiegen
Ihm hörig ward, wupp! liegt sie auf dem Rücken.
Und er, als Krönung seiner Machenschaft,
Erwirkt noch gegen mich die Beugehaft 1500
Und muß, aus Furcht vor möglichem Mißlingen,
Ein schauderhaftes Buch in Umlauf bringen
Voll alleräußerst strafwürdigem Sinn,
Von dem er sagt, daß ich der Autor bin,
Worauf Oronte, der Giftzwerg des Unflätigen, 1505
Sich eilt, diese Verleumdung zu bestätigen!
Oronte! der selbst bei Hof als Ehrenmann
Doch gilt, und dem ich weiter nichts getan,

Als daß ich, weil er mich so dringend fragte,
Ein Urteil über seine Verse wagte, 1510
Das, nur um schlichte Ehrlichkeit bemüht,
Weder die Poesie, noch ihn verriet:
Er ist der Erste jetzt, mich anzuschwärzen
Und den Verdacht zu streun in aller Herzen,
Und nichts besänftigt ihn in seiner Wut, 1515
Bloß weil ich fand, er dichtete nicht gut.
Aber so sind die Menschen: Sie erstreben
Einzig, daß wir sie in den Himmel heben,
Und füttert man nicht ihre Gier nach Ruhm,
Gehn sie mit einem wie die Wölfe um. 1520
Somit, ich bin all dieser Schmerzen müde
Und lasse hinter mir die Ränkeschmiede
Und sage: Werdet ihr den Tieren gleich,
Verbringe ich mein Leben ohne euch.

PHILINTE Ich weiß, die Reinheit war dir immer heilig, 1525
Nur scheint mir deine Planung etwas eilig,
Denn was dein Feind dir da am Zeuge flickt,
Hat ja dich zu verhaften nicht genügt,
Und seine durchaus widerlichen Taten
Könnten ihm letzten Endes selber schaden. 1530

ALCESTE Ihm? Nein, dem schadet keine Schurkerei,
Denn alles, geht ihm durch, was es auch sei,
Und eh der Welt seine Verbrechen nahgehn,
Wird er durch sie nur noch viel besser dastehn.

PHILINTE Und dennoch gibt man offenbar nicht viel 1535
Auf seine Lügen und auf seinen Stil,
Und also könnte es durchaus geschehen,
Daß, würdest du in die Berufung gehen,
Der Wind sich dreht, womöglich sogar schnell,
Wenn du gegen besagten Haftbefehl – 1540

ALCESTE	Den werde ich mich hüten anzufechten,
	Denn grade er erweist mich als Gerechten
	Und wird einmal der Nachwelt Zeugnis sein
	Von einer Zeit, die falsch ist und gemein,
	Da jeder Aufrichtige malträtiert wird 1545
	Und Anschwärzung zur Wahrheit umfrisiert wird;
	Zwar kostet mich das zwanzigtausend Francs,
	Durch die ich aber mir das Recht erlang,
	Die Menschheit ohne Rücksicht zu belehren,
	Daß sie nur taugt, sich von ihr abzukehren. 1550

PHILINTE   Ach was.

ALCESTE   Was ach? Wo sind zuguterletzt
Die Gründe, die du mir entgegensetzt?
Hast du die Stirn, mir ins Gesicht zu sagen,
Die Weltumstände wärn nicht zu beklagen?

PHILINTE   Nein, denn da gehe ich mit dir konform: 1555
Rings im Land wird der Eigennutz zur Norm
Und wer sich freundlich zeigt, der läuft ins Messer,
Auch wünschte ich, die Menschen wären besser;
Doch ist der Mangel an gerechtem Sinn
Ein Grund, sich aus der Welt zurückzuziehn, 1560
Und bleibt uns Wissenden nicht aufgegeben,
Tapfer gegen die Bosheit anzuleben?
Regierte überall Gerechtigkeit,
Wären wir ja von jedem Zwang befreit,
Denn alles liefe wunderbar und schlüssig, 1565
Und die Moral, sie wäre überflüssig;
Solange sie indessen nötig bleibt,
Damit uns nichts in die Verzweiflung treibt,
Muß, ungeachtet der Kalamitäten –

ALCESTE   Du weißt, mein Bester, exzellent zu reden, 1570

Und noch wenn es um unsere Hälse geht,
Sprichst du so salbungsvoll wie ein Prophet.
Doch predigst du da von sehr hohen Hügeln,
Denn ich kann meine Zunge nicht mehr zügeln,
Und ließe ich ihr einfach ihren Lauf, 1575
Lüde ich mir nur neue Lasten auf.
Genug! mag Célimène den Streit entscheiden:
Ihr will ich meine Absicht unterbreiten,
Und ist ihr Herz mir nach wie vor geneigt,
Wär jetzt der Augenblick, da sie das zeigt. 1580

PHILINTE Wolln wir sie oben bei Éliante erwarten?

ALCESTE Nein, denn mich trösten keine Redensarten:
Geh du zu ihr, und laß mich hier allein
Der Weggefährte meines Kummers sein.
geht in eine Ecke des Salons und verharrt abgewandt

PHILINTE *für sich*:
Das sind mir äußerst merkwürdige Sitten – 1585
Ich werde Éliante herunterbitten.
ab

ZWEITE SZENE
Alceste, Célimène, Oronte

Herein Célimène und Oronte.

ORONTE Ja, sagen Sie mir klar, ob Sie gesinnt
Und willens mich an Sie zu fesseln sind,
Denn dies sind eines Liebenden Gedanken,
Daß sie Gewißheit brauchen ohne Schwanken, 1590
Und weiß sich die Erwählte ihm geneigt,
Darf er auch fordern, daß sie ihm das zeigt.

	Mithin ist der Beweis, den Sie mir schulden,
	Alcestes Werben ferner nicht zu dulden,
	Indem Ihr klares Wort als Unterpfand 1595
	Von Stund an ihn aus Ihrem Haus verbannt.
CÉLIMÈNE	Doch was kann Sie auf ihn so wütend machen,
	Da Sie sonst stets respektvoll von ihm sprachen?
ORONTE	Es braucht, Madame, da keinen näheren Grund,
	Denn was hier zählt, ist einzig Ihr Befund: 1600
	Sie wählen mich oder Sie wählen diesen –
	Ich warte ab, wohin Sie sich entschließen.
ALCESTE	*kommt aus seiner Ecke hervor*
	Der Herr hat recht – treffen Sie Ihre Wahl,
	Denn er und ich sind eins in diesem Fall
	Und von dem gleichen Wunsche angetrieben, 1605
	Endlich zu wissen, wen von uns Sie lieben;
	Die Sache duldet keinen Aufschub mehr,
	Und Ihr Entscheid, ob so, ob so, muß her.
ORONTE	Ich will, mein Herr, durch aufdringliches Flehen
	Keinesfalls Ihrem Glück im Wege stehen. 1610
ALCESTE	Und ich, mein Herr, wie das Problem auch eilt,
	Bin niemand, der ein Herz mit Ihnen teilt.
ORONTE	Sofern Madame Gefühle für Sie hegte –
ALCESTE	Falls Sympathie für Sie sich in ihr regte –
ORONTE	Würde ich ohne jeden Aufschub gehn – 1615
ALCESTE	Will ich sie nie im Leben wiedersehn.

ORONTE	Mithin, Madame, Sie können offen reden.
ALCESTE	Allein Ihr Urteil ist jetzt noch vonnöten.
ORONTE	Entscheiden Sie sich zwischen ihm und mir.
ALCESTE	Ihn oder mich, das ist die Frage hier. 1620
ORONTE	Wie? macht die Antwort Ihnen etwa Mühe?
ALCESTE	Was? zwingt Sie das Dilemma in die Kniee?
CÉLIMÈNE	Mein Gott! Sie sind ja außer Rand und Band
	Und beide ohne jeden Weltverstand.
	Ich weiß sehr wohl, wem ich den Vorrang gebe, 1625
	Und meine Seele ist nicht in der Schwebe
	Oder stürzt mich in irgendwelche Qual,
	Denn nichts ist einfacher als diese Wahl;
	Nur läßt mein Innerstes mich Scheu empfinden,
	Ein Urteil ohne Anstand zu verkünden, 1630
	Das, wie man es auch nimmt, zuguterletzt
	Einen von Ihnen kränkt oder verletzt.
	Gibt es nicht feinere Zeichen meiner Neigung,
	So daß es einer extra Gunstbezeigung
	Gar nicht bedarf, und der Verlierer liest, 1635
	Was ihm ja ohnehin beschieden ist?
ORONTE	Nein nein, ein offenes Wort macht mich nicht bange,
	Ich will es hören.
ALCESTE	Wie auch ich schon lange:
	Allein die Ehrlichkeit sei Ihr Panier,
	Und keiner soll geschont sein jetzt und hier. 1640
	Durch Schweigen sich den Rücken freizuhalten,
	Ist Ihre Kunst, sie darf nicht länger walten –

Schluß mit dem Zögern und der Tändelei!
Und weigern Sie sich des, bin ich so frei,
Das für ein Votum gegen mich zu nehmen, 1645
Zu dem Sie sich aus Feigheit nicht bequemen.

ORONTE Ein Wort des Zorns, für das ich dankbar bin,
Denn es ist ganz und gar in meinem Sinn.

CÉLIMÈNE Wie Sie mich langweilen mit Ihren Launen!
Man weiß nicht, soll' man stöhnen oder staunen. 1650

In der Tür Éliante und Philinte.

Da kommt Éliante, genau zur rechten Zeit:
Mag ihre Jugend schlichten unsern Streit.

DRITTE SZENE
Alceste, Célimène, Oronte, Éliante, Philinte

Ich stehe hier, Cousine, ganz verloren
Zwischen zwei Männern, die sich fest verschworen
Zu fordern, und zwar eifernd und mit Groll, 1655
Daß gegen allen Brauch ich sagen soll,
Für wen von beiden sich mein Herz erkläre
Und wem um mich zu werben ich verwehre;
Sag du nun, ist das recht und comme il faut?

ÉLIANTE Da würdest du der Antwort wenig froh, 1660
Weil ich mir meine Zunge nie verrenke
Und einfach immer sage, was ich denke.

ORONTE *zu Célimène:*
Sie sehn, Madame, man unterstützt Sie nicht.

ALCESTE Farbe bekennen ist jetzt Ihre Pflicht.

ORONTE	Sie müssen, was Sie fühlen, nur bezeugen.	1665
ALCESTE	Oder Sie äußern sich, indem Sie schweigen.	
ORONTE	Ein Wort von Ihnen endet unsern Zwist.	
ALCESTE	Und bleibt es aus, weiß ich, was Sache ist.	

VIERTE SZENE
*Alceste, Célimène, Oronte, Éliante,
Philinte, Acaste, Clitandre, Arsinoé*

Herein Arsinoé, Acaste, Clitandre.

ACASTE *zu Célimène:*
Madame, wir möchten, falls wir Sie nicht stören,
Mit Ihnen ein paar kleine Punkte klären.　　　　　1670

CLITANDRE *zu Oronte und Alceste:*
Ein Glück, daß Sie der Zufall hierher führt,
Denn Sie sind in die Sache involviert.

ARSINOÉ *zu Célimène:*
Sie sind gewiß erstaunt, mich hier zu sehen,
Doch ist der Grund nur dieser Herren Flehen:
Die beiden haben sich bei mir beklagt　　　　　　1675
Über Vergehen, die ein Hirn kaum wagt
Zu denken, denn es glaubt sich in Umnachtung,
Und ich empfinde viel zu hohe Achtung
Für Sie, Madame, als daß ich meinen kann,
Sie hätten wirklich und im Ernst getan,　　　　　1680
Was die Beweise mir vor Augen führen;
So warte ich, wie Sie sich exculpieren.

ACASTE *weist ein Schriftstück vor*
Ja, hören wir ganz unerregt und leis,
Was das Belegstück mitzuteilen weiß:
Es ist ein Brief an den Marquis Clitandre. 1685

CLITANDRE Nein, er ist an Acaste und niemand andern!

ACASTE *zu Alceste und Oronte:*
Die Schrift, Herren, ist Ihnen wohl bekannt
Und weist auf eine ganz bestimmte Hand;
Und wäre diese Deutung falsch gewesen,
Lohnt es sich doch, die Worte vorzulesen. 1690
liest vor:
»Seltsam, daß Sie meine Munterkeit verdammen und
zugleich argwöhnen, ich sei nie heiterer, als wenn Sie mir
fern sind. Das Gegenteil ist der Fall, und wenn Sie nicht
bald kommen und mich um Verzeihung bitten, werde ich
Ihnen ewig zürnen. Der Vicomte, diese Bohnenstange...«
Schade, daß er nicht hier ist.
»Der Vicomte, diese Bohnenstange, dem schöne
Augen zu machen Sie mir vorwerfen, zählt für mich
nicht als Mann, seit ich sah, wie er stundenlang in
eine Zisterne spuckte, um auf dem Wasser Ringe zu
erzeugen. Was den kleinen Marquis angeht...«
Das bin, mit Verlaub, ich.
»Was den kleinen Marquis angeht, der mich gestern so
ausgiebig betatschte, kenne ich nichts Kümmerlicheres als
ihn, denn Bewunderung verdienen einzig sein Umhang
und sein Degen. Zugegeben, der Herr im grünen Jabot...«
zu Alceste:
Damit sind Sie gemeint.
»Zugegeben, der Herr im grünen Jabot, er amüsiert
mich bisweilen mit seiner Bärbeißigkeit und
seinem Weltschmerz, doch viel öfter ist er mir
einfach lästig. Und der Sonettedrechsler...«

zu Oronte:
Jetzt kriegen Sie Ihr Fett.
»Und der Sonettedrechsler, der den Schöngeist spielt und
Poet sein möchte – ich bin außerstande, ihm nur eine
Minute zuzuhören, denn seine Prosa ist so elend wie seine
Reime. Begreifen Sie endlich, daß ich mich unter Fremden
selten so gut unterhalte, wie Sie meinen, während es, nun
sage ich schon mehr als ich will, eine Köstlichkeit ist, auf
Empfängen, an denen teilzunehmen die Konvention mich
zwingt, einen Menschen zu treffen, den man liebt...«

CLITANDRE Und nun bin ich dran.
nimmt den Brief, liest vor:
»Schließlich jener Clitandre, dessen Sie erwähnen und
der sich als sonniges Jüngelchen geriert, ist der letzte,
für den ich Sympathie empfände. Er ist so daneben zu
glauben, man könne ihn lieben, wie Sie es sind, wenn
Sie glauben, man liebte Sie nicht. Tauschen Sie Ihren
Irrtum gegen seinen, und besuchen Sie mich so oft wie
möglich, um mir seine Aufdringlichkeiten zu ersparen.«
zu Célimène:
Wie hübsch, Madame, grad so als ob er nackt wär,
Zeigt sich Ihr unterirdischer Charakter –
Ich werde ganz gewiß von früh bis spät
Verbreiten dies Ihr glorreiches Porträt.

ACASTE *zu Célimène:*
Dem beizupflichten hätte manches für sich, 1695
Doch find ich meines Zornes Sie nicht würdig,
Denn der kleine Marquis ist es wohl wert,
Daß noch manch andere Schöne ihn begehrt.

Clitandre und Acaste Arm in Arm ab.

FÜNFTE SZENE
Alceste, Célimène, Oronte,
Éliante, Philinte, Arsinoé

ORONTE *zu Célimène:*
So wäre ich denn bloß verhöhnt geblieben
Durch die Bescheide, welche Sie mir schrieben,   1700
Und was sich als Versprechen dargetan,
Trägt sich reihum der ganzen Menschheit an?
Ich fiel auf Sie herein, doch muß das enden,
Da Ihre Worte mir die Wohltat spenden,
Daß meine Freiheit ich zurückgewinn   1705
Und nur der Poesie noch Diener bin.
zu Alceste:
Ich steh, mein Herr, fürs Grade statt fürs Schräge
Und Ihrem Glück fortan nicht mehr im Wege.
ab

SECHSTE SZENE
Alceste, Célimène, Éliante, Philinte, Arsinoé

ARSINOÉ *zu Célimène:*
Das ist nun wohl das ärgste Spiel der Welt
Und macht, daß man nicht länger an sich hält.   1710
Gab es je Schändlichkeiten wie die Ihren?
Ich will für andere kein Wort verlieren,
auf Alceste:
Doch dieser Herr, der eng sich an Sie band,
Ein Mann von Ehre und von Kunstverstand,
Der Sie gleich einer Göttin stets verehrte,   1715
Soll er jetzt –

ALCESTE   Nein, ich bitte, meine Werte:
Ich bin für mich zu reden selbst der Mann
Und Ihr Besorgtsein rührt mich wenig an,
Denn wie Sie immer streiten oder schelten,
Kann ich den Einsatz Ihnen nicht vergelten,   1720
Und hätte jemals Rache ich im Blick,
Griffe ich keinesfalls auf Sie zurück.

ARSINOÉ   Ach! meinen Sie vielleicht, Monsieur, ich dächte
So krumm, daß ich Sie an mich ziehen möchte,
Und wähnen noch in Ihrer Eitelkeit,   1725
Ich wäre etwa willens und bereit,
Ähnlich wie Hunde sich um Knochen beißen,
Mich um den Rest von Madames Tisch zu reißen?
Ergehn Sie sich in Demut und Bedacht:
Frauen wie ich sind für Sie nicht gemacht,   1730
Und widmen unverzagt Madame Ihr Leben,
Bis Sie sich einst vorm Grab das Jawort geben.
ab

SIEBENTE SZENE
Alceste, Célimène, Éliante, Philinte

ALCESTE   *zu Célimène:*
Voilá! Ich habe allen zugehört
Und stumm erduldet, was mein Herz empört –
War dies genug an mannhaftem Ertragen,   1735
Und darf ich nun –

CÉLIMÈNE   Sie dürfen alles sagen,
Was Ihr Herz fühlt, und haben sicher Grund
Zu einem mir abträglichen Befund,
Den mit Beschämung und gepreßter Seele
Ich durch kein Widerwort in Frage stelle;   1740

Zwar ist der andern Zorn mir ganz egal,
Doch finde leider ich in Ihrem Fall
Mich durchaus schuldig, und begreif die bittern
Anwürfe, die in Ihrem Innern zittern,
Denn jedes Wort, das in dem Brief man las,   1745
Scheint Abscheu zu verdienen oder Haß.
Hassen Sie mich!

ALCESTE   Wie sollte ich das können,
Da Liebesgluten mir das Herz verbrennen,
Und keine Überlegung oder Wut
Gibt Sie zu hassen irgend mir den Mut?   1750
zu Éliante und Philinte:
Sie sehen, daß ich wenig logisch spreche,
Und mache Sie zu Zeugen meiner Schwäche;
Doch ist das nur die Hälfte, denn es bleibt –
Was diese Schwäche auf die Spitze treibt –
Noch zu beweisen, daß ein Mensch nicht klug wird,   1755
Obschon ihm weiter nichts als Lug und Trug wird.
zu Célimène:
Ich will, trotz Ihres schändlichen Verrats,
Ihnen wie einst vergönnen einen Platz
In meinem Herzen, da von Ihrer Jugend
Man auch nicht zu viel fordern soll an Tugend –   1760
Vorausgesetzt, Sie schließen meinem Plan,
Die Welt zu fliehn, sich ohne Zögern an,
Um mit mir in der Einöde zu leben,
Wo einzig Ideale uns umschweben,
Denn nur so läßt sich, was besagter Brief   1765
An Kränkungen mir in die Seele rief,
Vergessen machen, und ich darf neu üben,
Mit Hingabe und innig Sie zu lieben.

CÉLIMÈNE   Ich – nein, das meinen Sie im Ernst ja nicht –
Leiste auf all mein Leben hier Verzicht?   1770

ALCESTE	Wenn Ihnen grüne Paradiese schimmern,
	Was kann der Rest der Welt Sie dann noch kümmern?
	Ist, daß ich für Sie da bin, nicht genug?

CÉLIMÈNE	Mich schreckt die Einsamkeit, und das mit Fug,	
	Denn meiner Seele mangelt es an Größe,	1775
	Daß Sie zum Waldschratdasein sich entschlösse –	
	Genügt es nicht, wenn Ihnen meine Hand	
	Ich biete, und ein dauerhaftes Band,	
	Mag sein die Ehe –	

ALCESTE	Nein, denn dies Ihr Weigern	
	Muß meinen Abscheu vor der Welt nur steigern,	1780
	Und sind Sie, wie ich sehe, nicht bereit,	
	Allein mit mir zu teilen Freud und Leid,	
	Ist jedes Band der Leidenschaft zerrissen,	
	Und mein Herz will von Ihrem nichts mehr wissen.	

zu Éliante:

	Mein Fräulein! Sie sind tugendhaft und schön,	1785
	Und immer durfte ich in Ihnen sehn	
	Ein seltsam freies Wesen, das sich heiter	
	Und gleichsam philosophisch auf der Leiter	
	Der Lebensbahn mit Grazie bewegt,	
	So daß, falls je der Wunsch sich in mir regt,	1790
	Ihnen was ich empfinde anzutragen,	
	Ich mich doch zwinge, mir dies zu versagen,	
	Denn ein verschmähtes Herz, das Sie begehrt,	
	Wäre Gehör zu finden niemals wert,	
	Und überhaupt –	

ÉLIANTE	Nein, folgen ohne Schwanken	1795
	Sie diesen mich betreffenden Gedanken –	
	Ihr Freund, der mir schon lang zur Seite steht,	
	Wär sicher froh, wenn ich mein Herz ihm böt.

PHILINTE Oh! dieses Wort erfüllt mir alle Träume,
So daß ich beizustimmen nicht versäume. 1800
tritt neben Éliante und nimmt ihre Hand

ALCESTE So mögt ihr, sei's bei Tage oder Nacht,
Ein Leben führen, das euch glücklich macht!
Ich freilich, rings verlassen und verraten,
Und mit der Tücke dieser Welt beladen,
Zieh mich zurück, in einer Wüstenei 1805
Als Ehrenmann zu leben, aber frei.
ab

PHILINTE *zu Célimène:*
Lassen, Madame, wir höchste Umsicht walten,
Um ihn von dieser Fehltat abzuhalten.

Alle drei rasch ab.

ENDE

ZUR ÜBERTRAGUNG

Die Übertragung folgt der Ausgabe Œuvres de Molière, Tome premier, Librairie de Paris, Firmin-Didot et Cie, Imprimeurs-éditeurs, 56, rue Jacob, Paris o.J. Molières Versmaß ist, wie im Barockdrama üblich, der zwölf- bzw. elfsilbige paargereimte Alexandriner mit Zäsur nach der sechsten Silbe, den wir als jambischen Sechsfüßer kennen; ich benutze stattdessen – bei Wahrung des Wechsels von weiblichen und männlichen Reimpaaren – jambische Fünfheber, die dem deutschen Ohr vertrauter sind und erlauben, die Versgesten biegsam zu halten und nicht nur längere Monologe, sondern auch pointierte Wechselreden plausibel darzubieten. Der Text ist immer vom Schauspieler her gedacht, d.h. er soll gut zu sprechen gehen und körperliches Spiel ermöglichen – auch der Leser führt ja insgeheim Regie, und ein luzider Satzbau macht es ihm leichter, die Figuren agieren zu sehen. Die Regieanweisungen sind im Original eher spärlich und jedenfalls nicht konsequent, da sich für den Theatermann Molière vieles von selbst verstand; ich habe sie, wo es mir geboten schien, vorsichtig ergänzt.

Berlin-Marzahn, Juni 2009　　　　　　R.K.

ISBN 978-3-359-02221-3

© 2009 Eulenspiegel Verlag, Berlin
Umschlaggestaltung: Verlag
Druck und Bindung: CPI Moravia Books GmbH

Ein Verlagsverzeichnis schicken wir Ihnen gern:
Eulenspiegel · Das Neue Berlin Verlagsgesellschaft mbH & Co. KG
Neue Grünstr. 18, 10179 Berlin
Tel. 01805/30 99 99
(0,14 €/min. aus dem deutschen Festnetz,
abweichende Preise für Mobilfunkteilnehmer)

Die Bücher des Eulenspiegel Verlags
erscheinen in der Eulenspiegel Verlagsgruppe.

www.eulenspiegel-verlag.de